PROGRAMAÇÃO COM ARDUINO™

>> COMEÇANDO COM SKETCHES

M745p Monk, Simon.
       Programação com Arduino : começando com sketches /
Simon Monk ; tradução: Anatólio Laschuk. – 2. ed. – Porto
Alegre : Bookman, 2017.
       xvii, 182 p. : il. ; 25 cm.

       ISBN 978-85-8260-446-5

       1. Programação de computadores. 2. Programação -
Arduino. I. Título.

                                                CDU 004.42

Catalogação na publicação: Poliana Sanchez de Araujo - CRB 10/2094

SIMON MONK

2ª EDIÇÃO

PROGRAMAÇÃO COM ARDUINO™

>> COMEÇANDO COM SKETCHES

Tradução:
Anatólio Laschuk
Mestre em Ciência da Computação pela UFRGS
Professor aposentado do Departamento de Engenharia Elétrica da UFRGS

bookman

2017

Obra originalmente publicada sob o título
Programming Arduino: Getting Started with Sketches, 2nd Edition
ISBN 1259641635 / 9781259641633

Copyright ©2016, McGraw-Hill Global Education Holdings, LLC., New York, New York 10121.
All rights reserved.

Gerente editorial: *Arysinha Jacques Affonso*

Colaboraram nesta edição:

Capa: *Paola Manica*

Editoração: *Clic Editoração Eletrônica Ltda.*

Reservados todos os direitos de publicação à
BOOKMAN EDITORA LTDA., uma empresa do GRUPO A EDUCAÇÃO S.A.
A série Tekne engloba publicações voltadas à educação profissional e tecnológica.

Av. Jerônimo de Ornelas, 670 – Santana
90040-340 – Porto Alegre – RS
Fone: (51) 3027-7000 Fax: (51) 3027-7070

SÃO PAULO
Rua Doutor Cesário Mota Jr., 63 – Vila Buarque
01221-020 – São Paulo – SP
Fone: (11) 3221-9033

SAC 0800 703-3444 – www.grupoa.com.br

É proibida a duplicação ou reprodução deste volume, no todo ou em parte, sob quaisquer
formas ou por quaisquer meios (eletrônico, mecânico, gravação, fotocópia, distribuição na Web
e outros), sem permissão expressa da Editora.

IMPRESSO NO BRASIL
PRINTED IN BRAZIL

Sobre o autor

Simon Monk é bacharel em cibernética e ciência da computação e doutor em engenharia de software. Desde os seus tempos de escola, é um aficionado de eletrônica. Ocasionalmente, publica artigos em revistas de *hobby* dedicadas à eletrônica. O Dr. Monk é também autor de uns 20 livros sobre o movimento Maker e tópicos de eletrônica, especialmente Arduino e Raspberry Pi. Você pode encontrar mais informações sobre seus livros em http://simonmonk.org. Você também pode segui-lo no Twitter: @simonmonk2.

*Aos meus filhos, Stephen e Matthew,
de um pai muito orgulhoso.*

Agradecimentos

Agradeço à Linda por ter proporcionado tempo, espaço e apoio para que eu pudesse escrever este livro e por ter tolerado as várias confusões que meus projetos criaram pela casa.

Muitos agradecimentos a Robert "BobKat" Logan e a muitas outras pessoas prestativas com olhos de águia que localizaram diversos erros na primeira edição. Eu dei o melhor de mim para arrumar o que vocês acharam.

Finalmente, eu gostaria de agradecer ao Michael McCabe, à Srishti Malasi e a todos que estiveram envolvidos na produção deste livro. É um prazer trabalhar com uma equipe de tão alto nível.

Prefácio

A primeira edição deste livro foi publicada em novembro de 2011 e tornou-se o livro de maior venda da Amazon sobre Arduino.

Na época em que o livro foi escrito, o modelo corrente de Arduino era o Arduino 2009 e a versão do software era a Beta018. Quase ao mesmo tempo em que o livro chegou às livrarias, o Arduino Uno e a versão 1.0 do software foram lançados. Logo em seguida, na segunda impressão do livro (sem ser uma segunda edição), houve uma pequena atualização para cobrir a nova placa e o software. Agora, nesta segunda edição, o livro foi completamente atualizado e está baseado na versão 1.6 do software de Arduino.

O Arduino Uno R3 ainda é considerado a placa padrão de Arduino. Entretanto, outras placas surgiram, incluindo placas oficiais (como Leonardo, Zero, 101, Due e Yun) e outros dispositivos, como Photon e Intel Edison, baseados na linguagem do Arduino.

Esta edição também inclui a utilização do Arduino em projetos voltados à IoT (Internet of Things ou Internet das Coisas) além do uso de vários tipos de display como OLED e LCD.

Simon Monk

Sumário

capítulo 1
Este é o Arduino 1
Microcontroladores 2
   Placas de desenvolvimento 3
Um passeio por uma placa de Arduino 3
   Fonte de alimentação 3
   Conexões de alimentação elétrica 4
   Entradas analógicas 5
   Conexões digitais 5
   Microcontrolador 6
   Outros componentes 6
As origens do Arduino 7
A família Arduino 8
   Uno e Leonardo 8
   Mega e Due 9
   As placas micro e de pequeno porte de Arduino ... 10
   Yun 11
   Lilypad 11
   Outras placas "oficiais" 13
Clones e variantes do Arduino 13
Conclusão 13

capítulo 2
Começando 15
A alimentação elétrica 16
Instalando o software 16
Instalando o seu primeiro sketch 17
O aplicativo Arduino 22
Conclusão 25

capítulo 3
Fundamentos de linguagem C 27
Programando 28
O que é uma linguagem de programação? 29
Blink (pisca-pisca) – novamente! 33
Variáveis 36
Experimentos em C 38
   Variáveis numéricas e aritméticas 39

Comandos 42
   if 42
   for 44
   while 47
Constantes 47
Conclusão 48

capítulo 4
Funções 49
O que é uma função? 50
Parâmetros 51
Variáveis globais, locais e estáticas 52
Retornando valores 54
Outros tipos de variáveis 55
   float 56
   boolean 57
   Outros tipos de dados 58
Estilo de codificação 58
   Endentação 60
   Abrindo chaves 60
   Espaço em branco 61
   Comentários 61
Conclusão 63

capítulo 5
Arrays e strings 65
Arrays 66
   SOS em código Morse usando arrays 69
Arrays do tipo string 70
   Literais do tipo string 70
   Variáveis do tipo string 71
Um tradutor de código Morse 72
   Dados 73
   Globais e setup 74
   A função loop 74
   A função flashSequence 77
   A função flashDotOrDash 78
   Juntando tudo 79
Conclusão 80

capítulo 6
Entrada e saída 81

Saídas digitais 82
Entradas digitais 85
    Resistores de pull-up 85
    Resistores internos de pull-up 87
    Debouncing 89
Saídas analógicas 94
Entradas analógicas 96
Conclusão 98

capítulo 7
A biblioteca padrão do Arduino 99

Números aleatórios 100
Funções matemáticas 102
Manipulação de bits 103
Entrada e saída avançadas 105
    Geração de som 105
    Alimentando registradores deslocadores 106
Interrupções 107
Conclusão 109

capítulo 8
Armazenamento de dados 111

Constantes 112
Armazenando dados em memória flash 112
EEPROM 115
    Armazenando um valor int em
    uma EEPROM 116
    Usando a biblioteca AVR EEPROM 117
    Armazenando um valor float em
    uma EEPROM 118
    Armazenando uma string em
    uma EEPROM 118
    Limpando os conteúdos de
    uma EEPROM 120
Compressão 121
    Compressão de faixa 121
Conclusão 122

capítulo 9
Displays 123

Displays LCD alfanuméricos 124
Uma placa USB de mensagens 125
Usando o display 127
Outras funções da biblioteca LCD 127
Displays OLED gráficos 128
Conectando um display OLED 128
Software 129
Conclusão 132

capítulo 10
Programando o Arduino
para a Internet das Coisas 133

Comunicação com servidores de web 134
    HTTP 135
    HTML 135
Arduino Uno como servidor de web 136
Arduino controlado pela web 139
Servidor de Web com Node MCU 145
Node MCU controlado pela web 149
Chamando serviços de web 152
Arduino Uno e IFTTT 156
Placa Node MCU ESP8266 e IFTTT 158
Outras opções de IoT 159
    Arduino Yun 160
    Particle Photon 160
Conclusão 161

capítulo 11
C++ e bibliotecas 163

Orientação a objeto 164
    Classes e métodos 164
Exemplo de biblioteca interna 164
Escrevendo bibliotecas 165
    O arquivo de cabeçalho 165
    O arquivo de implementação 167
    Completando a sua biblioteca 168
Conclusão 171

Índice 173

›› Introdução

As placas Arduino de interface oferecem uma tecnologia de baixo custo que pode ser usada facilmente para criar projetos baseados em microcontrolador. Com um pouco de eletrônica, você poderá fazer todo tipo de coisa usando o seu Arduino, desde controlar as lâmpadas de uma instalação de arte até gerenciar a energia elétrica fornecida por um sistema de energia solar.

Há muitos livros voltados a projetos que mostram como ligar coisas ao seu Arduino. Entre esses, está o *30 projetos com Arduino** deste mesmo autor. Contudo, aqui neste livro, o foco maior estará na programação do Arduino.

Este livro explica como tornar a sua programação simples e prazerosa, evitando as dificuldades de um código não cooperativo que tão frequentemente aflige um projeto. Você será conduzido passo a passo através do processo de programação do Arduino, começando com os fundamentos da linguagem C, que é usada nos Arduinos.

›› Afinal, o que é o Arduino?

O Arduino é uma pequena placa de microcontrolador contendo um plugue de conexão USB (Universal Serial Bus),** que permite a ligação com um computador, além de contar com um conjunto de pinos de conexão, que torna possível a ligação de dispositivos eletrônicos externos, como motores, relés, sensores luminosos, diodos a laser, alto-falantes, microfones e outros. Os Arduinos podem ser energizados pelo computador através de um cabo USB, por uma bateria de 9V ou por uma fonte de alimentação. Eles podem ser controlados diretamente pelo computador, ou então podem ser programados primeiro pelo computador e em seguida desconectados, permitindo assim que trabalhem independentemente do computador.

O projeto da placa é aberto (open source). Isso significa que qualquer um tem permissão para construir placas compatíveis com o Arduino. Essa competição resultou em placas de baixo custo e em todo tipo de variantes a partir das placas "padrões".

As placas básicas são complementadas por placas acessórias denominadas *shields*, que podem ser encaixadas em cima da placa de Arduino.

O software para programar seu Arduino é de fácil uso e encontra-se disponível gratuitamente para computadores Windows, Mac e LINUX.

---

*N. de T.: MONK, S. *30 projetos com Arduino*. Porto Alegre: Bookman, 2014. 228 p. (Série Tekne).
**N. de T.: Barramento Serial Universal.

>> De que precisarei?

Este é um livro dirigido a principiantes, mas que também pretende ser útil às pessoas que já utilizam Arduino há algum tempo e desejam aprender mais sobre a programação ou desejam obter uma melhor compreensão de seus fundamentos. Como tal, este livro concentra-se no uso da placa Arduino Uno. Entretanto, quase todos os códigos podem ser executados sem modificações em todos os modelos e variantes de Arduino.

Você não precisa de nenhum conhecimento técnico ou experiência anterior em programação e os exercícios do livro não exigem soldagem de nenhum componente. Tudo que você precisa é o desejo de fazer alguma coisa.

Se você quiser aproveitar o livro ao máximo e fazer alguns experimentos, então será útil ter à mão o seguinte material:

- Alguns pedaços de fio rígido encapado
- Um multímetro de baixo custo

Com alguns reais, os dois podem ser comprados facilmente em qualquer loja de **componentes** eletrônicos ou pela Internet, em lojas online como Adafruit ou Sparkfun.* Naturalmente você também precisará de uma placa de Arduino Uno.

Se você quiser ir mais além e fazer experimentos com displays e conexões de rede, então você precisará comprar shields, também disponíveis em lojas online. Para maiores detalhes, veja os Capítulos 9 e 10.

>> Com o usar este livro

Este livro foi estruturado para que você dê os primeiros passos de modo realmente simples e realize os projetos de forma gradual, usando o que já aprendeu. Entretanto, você poderá pular ou cortar algumas partes dos primeiros capítulos até encontrar o nível adequado para acompanhar o livro.

O livro está organizado nos seguintes capítulos:

- **Capítulo 1: Este é o Arduino** É uma introdução ao hardware do Arduino. Este capítulo descreve o que ele pode fazer e as diversas placas de Arduino disponíveis.
- **Capítulo 2: Começando** Aqui você realiza os primeiros experimentos com a sua placa de Arduino: a instalação do software no seu computador, a ligação da alimentação elétrica e a transferência do seu primeiro sketch** para o Arduino.

---

*N. de T.: No mercado brasileiro, também podemos encontrar diversas lojas online dirigidas ao Arduino.
**N. de T.: No ambiente Arduino, os programas são denominados sketches, como será visto mais adiante.

- **Capítulo 3: Fundamentos de linguagem C** Este capítulo cobre os fundamentos da linguagem C. Para os totalmente iniciantes em programação, os capítulos também servem de introdução à programação em geral.

- **Capítulo 4: Funções** Este capítulo explica os conceitos chaves de como usar e escrever funções para os sketches do Arduino. Esses sketches são mostrados em todo o livro através de exemplos de códigos executáveis.

- **Capítulo 5: Arrays e strings** Aqui você aprende a construir e usar estruturas de dados mais avançadas do que simples variáveis inteiras. Um projeto que usa código Morse é desenvolvido passo a passo servindo de exemplo para ilustrar os conceitos que estão sendo explicados.

- **Capítulo 6: Entrada e saída** Aqui você aprende a usar as entradas e saídas, digitais e analógicas, do Arduino em seus programas. Um multímetro será útil para mostrar o que está acontecendo nos pinos de entrada e saída do Arduino.

- **Capítulo 7: A biblioteca padrão do Arduino** Este capítulo explica como usar as funções padronizadas que fazem parte da biblioteca padrão do Arduino.

- **Capítulo 8: Armazenamento de dados** Aqui você aprende a escrever sketches que salvam dados em EEPROM (Electrically Erasable Programmable Read-Only Memory) e a usar a memória flash interna do Arduino.

- **Capítulo 9: Displays** Neste capítulo, você aprende a fazer uma interface entre displays e o Arduino e a construir uma placa de mensagens USB simples.

- **Capítulo 10: Programando o Arduino para a Internet das Coisas** Aqui você aprende como fazer o Arduino funcionar como servidor Web e como se comunicar com a Internet utilizando serviços de Web como *dweet* e *IFTTT*.

- **Capítulo 11: C++ e bibliotecas** Neste capítulo, você irá além da linguagem C, aprendendo a incluir orientação a objetos e a escrever as suas próprias bibliotecas para o Arduino.

>> Recursos

No site **loja.grupoa.com.br**, procure pelo ícone Conteúdo online, na página deste livro, para encontrar todos os códigos-fonte dos sketches aqui utilizados.*

---

*N. de T.: O Arduino faz parte de um conceito em contínuo desenvolvimento. O leitor está convidado a visitar regularmente o site do livro original em www.arduinobook.com para se manter atualizado em relação ao conteúdo do livro. Também é de grande valia conhecer e acompanhar os sites www.arduino.cc e www.arduino.org, dos criadores do Arduino.

CAPÍTULO 1

Este é o Arduino

O Arduino é uma plataforma de microcontrolador que atraiu a imaginação dos entusiastas de eletrônica. Sua facilidade de uso e sua natureza aberta fazem dele uma ótima opção para qualquer um que queira realizar projetos eletrônicos.

Basicamente, permite que você conecte circuitos eletrônicos a seus terminais, permitindo que ele controle coisas – como, por exemplo, ligar ou desligar dispositivos, como lâmpadas e motores, ou medir grandezas físicas, como luz e temperatura. Essa é a razão pela qual algumas vezes dizemos que o Arduino realiza uma *computação física (concreta)*. Como os Arduinos podem ser conectados a um computador por meio de um cabo USB (universal serial bus, ou barramento serial universal), isso significa também que você pode usar o Arduino como placa de interface e controlar esses mesmos dispositivos a partir de seu computador.

OBJETIVOS DE APRENDIZAGEM

- » Conhecer microcontroladores e placas de desenvolvimento.
- » Conhecer uma placa de Arduino.
- » Conhecer a história do Arduino.
- » Conhecer os diversos tipos de placas de Arduinos existentes.

>> Microcontroladores

O coração do seu Arduino é um microcontrolador. A maior parte dos demais componentes da placa está envolvida com o fornecimento de energia elétrica e a comunicação entre a placa e o computador.

Na realidade, um microcontrolador é um pequeno computador dentro de um chip. Além de conter todos os recursos que já estavam presentes nos primeiros computadores domésticos, um microcontrolador apresenta outras coisas. Ele contém um processador, um ou dois quilobytes de memória RAM* para guardar dados, uns poucos quilobytes de memória EPROM** ou de memória flash para armazenar os programas e ainda pinos de entrada e saída. Esses pinos de entrada/saída ligam o microcontrolador aos demais componentes dos circuitos que você está desenvolvendo.

As entradas podem ler dados digitais (a chave está ligada ou desligada?) e analógicos (qual é a tensão em volts de um pino?). Isso permite a conexão de muitos tipos diferentes de sensores de luz, temperatura, som e outros.

As saídas podem ser analógicas ou digitais. Assim, você pode colocar um pino de saída em 5 ou 0 volts permitindo que diodos emissores de luz (LEDs) sejam diretamente ligados ou desligados ou, então, você pode usar a saída para controlar dispositivos de potência, como motores. Esses pinos também podem fornecer uma tensão de saída analógica. Isto é, você pode controlar a potência de saída de um pino, permitindo controlar de forma contínua a velocidade de um motor ou o brilho de uma lâmpada, em vez de simplesmente ligá-los ou desligá-los.

O microcontrolador de uma placa de Arduino Uno é um chip (circuito integrado) de 28 pinos que está encaixado em um soquete no centro da placa. Em um único chip, estão contidos o processador, a memória e toda a eletrônica necessária aos pinos de entrada e saída. Ele é fabricado pela empresa Atmel, que é uma das maiores fabricantes de microcontroladores. Cada uma dessas fabricantes produz dúzias de microcontroladores diferentes que são agrupados em famílias. Nem todos os microcontroladores são criados especialmente para aficionados por eletrônica como nós. Somos apenas uma pequena fatia desse vasto mercado. Na realidade, esses dispositivos destinam-se ao uso em produtos de consumo, como carros, máquinas de lavar roupa, tocadores de DVD, brinquedos infantis e mesmo aromatizadores de ambiente.

O importante a respeito do Arduino é que ele reduz essa enorme variedade de escolhas possíveis, permitindo-nos adotar um único microcontrolador padrão de forma permanente. (Bem, como veremos mais adiante, essa afirmação não é exatamente verdadeira, mas está muito próxima da verdade.)

---

*N. de T.: RAM (Random Access Memory, ou Memória de Acesso Aleatório).
**N. de T.: EPROM (Erasable Programmable Read Only Memory, ou Memória Apenas de Leitura, Programável e Apagável).

Isso significa que, quando você embarcar em um novo projeto, você não precisará analisar primeiro todos os prós e contras dos diversos tipos de microcontroladores.

>> Placas de desenvolvimento

Vimos que um microcontrolador é, na realidade, apenas um chip. Um chip desses não consegue trabalhar sozinho. Ele depende do suporte de uma eletrônica para alimentá-lo com uma tensão precisamente regulada (os microcontroladores são exigentes no que se refere a isso) além de depender de um meio de comunicação com o computador que é usado na programação do microcontrolador.

É aqui que as placas de desenvolvimento entram em cena. Uma placa de Arduino Uno é, na realidade, uma placa de desenvolvimento baseada em microcontrolador, cujo projeto de hardware é aberto (open source). Isso significa que os arquivos de projeto da placa de circuito impresso (PCB) e os diagramas esquemáticos estão disponíveis publicamente. Qualquer pessoa pode usar livremente esses projetos para fabricar e vender as suas próprias placas de Arduino, desde que não usem a denominação Arduino.

Todos os fabricantes de microcontroladores – incluindo a Atmel, que produz o microcontrolador ATmega328 usado na placa de Arduino – também oferecem as suas próprias placas de desenvolvimento e o software de programação. Ainda que bem baratas, essas placas destinam-se basicamente a engenheiros eletrônicos profissionais e não a aficionados amadores. Isso significa que tais placas e seu software são mais complexos, exigindo maior investimento em aprendizagem, antes que qualquer coisa útil comece a ser criada.

>> Um passeio por uma placa de Arduino

A Figura 1.1 mostra uma placa de Arduino Uno. Vamos dar um rápido passeio pelos vários componentes da placa.

>> Fonte de alimentação

Na Figura 1.1, diretamente abaixo do conector USB, está o regulador de tensão de 5 volts (5V). Ele recebe qualquer tensão (entre 7V e 12V) fornecida pelo conector de alimentação CC e a converte em uma tensão constante de 5V.

Cristal   Chave de Reset   Chip de Interface USB   Conexões Digitais

Regulador de Tensão de 5V   Conectores de Alimentação Elétrica   Microcontrolador   Entradas Analógicas   Conector Serial de Programação

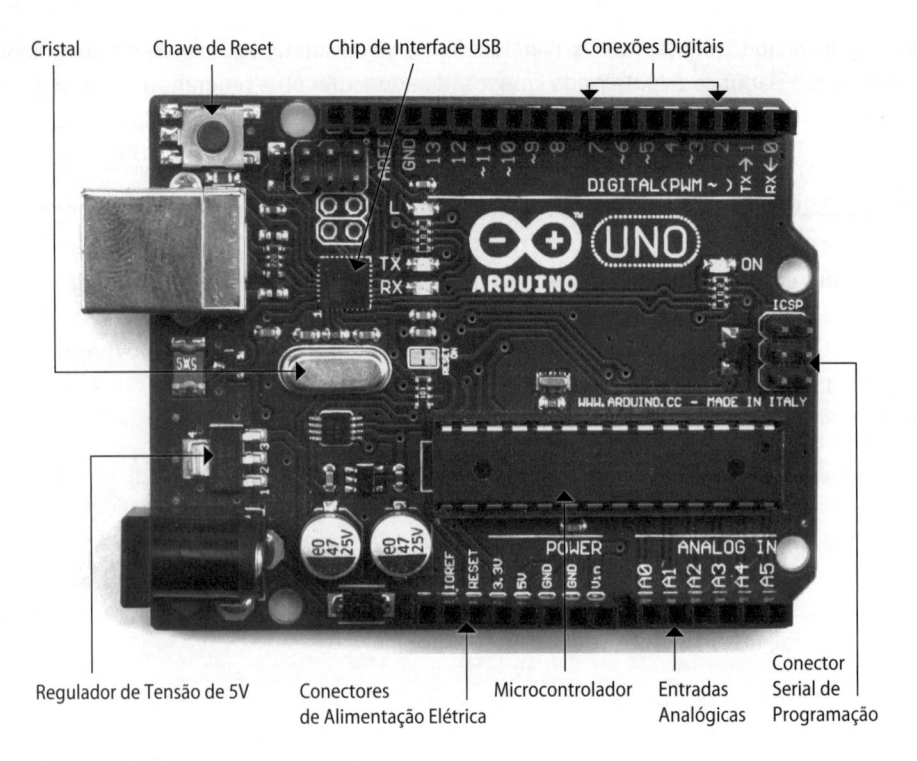

Figura 1.1 >> Uma placa de Arduino Uno.

Para um componente como esse, do tipo de montagem superficial (*surface mount component*), o tamanho do chip regulador de tensão de 5V é bem avantajado, possibilitando uma dissipação elevada de calor. Isso é necessário quando o regulador deve fornecer correntes razoavelmente elevadas enquanto mantém a tensão constante. Pode ser útil no acionamento de dispositivos eletrônicos externos.

A alimentação elétrica do Arduino feita pelo conector CC é útil quando o Arduino trabalha com baterias ou uma fonte de alimentação CC. Por outro lado, o Arduino Uno também pode ser alimentado por meio da porta USB, que também é usada para programar o Arduino.

>> Conexões de alimentação elétrica

A seguir, vamos examinar as conexões de alimentação elétrica na parte de baixo da Figura 1.1. Próximo dos conectores, você pode ler os seus nomes. O primeiro pino* que vamos examinar é o de Reset. Ele faz a mesma coisa que o botão de Reset do Arduino. De forma semelhante ao

---

*N. de T.: Observando um Arduino Uno, vemos que em duas de suas bordas, há sucessões de orifícios agrupados constituindo o que se costuma denominar "barra de pinos fêmea" ou simplesmente "pinos". A partir desses orifícios são feitas as conexões elétricas. Rigorosamente esses orifícios não são pinos, mas essa denominação para orifícios está se consagrando.

que ocorre quando reiniciamos um computador PC, se ativarmos o pino de Reset do Arduino, o microcontrolador será inicializado começando a executar seus programas desde o ponto de partida inicial. Para inicializar o microcontrolador por meio do pino de Reset, você deve manter esse pino momentaneamente em nível baixo (conectando-o a 0V ou GND).

Os demais pinos desta seção simplesmente fornecem diversas tensões (3,3V, 5V, GND e Vin), conforme estão indicadas na placa. O termo GND (ground ou terra) significa simplesmente zero volts. É a tensão que serve de referência a todas as demais tensões da placa.

>> Entradas analógicas

Os seis pinos denominados "Analog In" (Entrada Analógica), indo de A0 a A5, podem ser usados para medir a tensão que está sendo aplicada a cada um desses pinos, de modo que os seus valores podem ser usados em um *sketch* (um programa de Arduino). Observe que nos pinos são medidas as tensões (volts) e não as correntes. Como os pinos têm uma resistência interna muito elevada, apenas uma diminuta corrente entrará em cada pino indo por um caminho interno até o pino GND (terra). A elevada resistência interna dos pinos faz com que somente uma corrente muito baixa consiga entrar.

Embora essas entradas estejam indicadas como analógicas, sendo analógicas por *default*,* elas também podem ser usadas como entradas ou saídas digitais.

>> Conexões digitais

Agora passaremos para os pinos da parte de cima da Figura 1.1 começando pelo lado direito. Aqui encontramos os pinos denominados Digital, de 0 a 13. Eles podem ser usados como entradas ou saídas. Quando são usados como saídas, os pinos comportam-se como se fossem pinos de alimentação elétrica, como os discutidos anteriormente nesta seção, exceto que agora são todos de 5V e podem ser ligados ou desligados a partir da execução de um sketch. Assim, se você ligá-los, eles ficarão com 5V. Se você desligá-los, ficarão com 0V. Como no caso das conexões de alimentação elétrica, você deve tomar cuidado para não ultrapassar as capacidades máximas de corrente. Os primeiros dois pinos (0 e 1), também denominados RX e TX, são para recepção e transmissão. Esses pinos são usados na comunicação e, indiretamente, são pinos de recepção e transmissão USB usados pelo Arduino para se comunicar com seu computador.

Esses pinos podem fornecer 40 mA (miliamperes) com 5V. Isso é mais do que suficiente para acender um LED comum, mas é insuficiente para acionar diretamente um motor elétrico.

---

*N. de T.: O termo inglês *default* indica algo que será subentendido e automaticamente adotado se não houver nada em contrário. No caso, ficará subentendido que as entradas serão analógicas porque não há nenhum comando especificando que elas devam ser digitais.

>> Microcontrolador

Continuando o nosso passeio pela placa do Arduino, o microcontrolador em si é o dispositivo retangular preto de 28 pinos. Ele está encaixado em um soquete do tipo dual in-line (DIL) de modo que pode ser facilmente substituído. O chip de 28 pinos do microcontrolador usado na placa do Arduino Uno é o ATmega328. A Figura 1.2 mostra um diagrama de blocos com as características internas principais deste dispositivo.

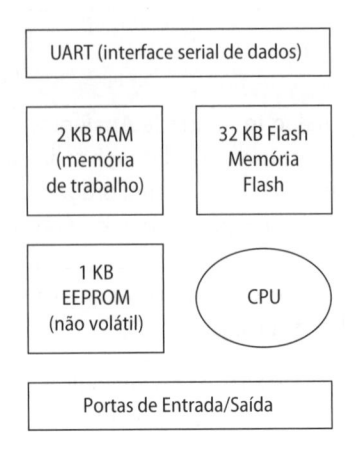

```
        ┌─────────────────────────────────┐
        │  UART (interface serial de dados) │
        └─────────────────────────────────┘

     ┌──────────────┐      ┌──────────────┐
     │   2 KB RAM   │      │  32 KB Flash │
     │   (memória   │      │    Memória   │
     │  de trabalho)│      │     Flash    │
     └──────────────┘      └──────────────┘

     ┌──────────────┐         ╭──────╮
     │     1 KB     │         │      │
     │    EEPROM    │         │ CPU  │
     │ (não volátil)│         │      │
     └──────────────┘         ╰──────╯

        ┌─────────────────────────────┐
        │   Portas de Entrada/Saída   │
        └─────────────────────────────┘
```

Figura 1.2 >> Diagrama de blocos do ATmega328.

O coração – ou talvez mais apropriadamente o cérebro – do microcontrolador é a unidade central de processamento (CPU – Central Processing Unit). Essa unidade controla tudo que acontece dentro dele, buscando e executando instruções no programa que está armazenado na memória flash. Isso pode significar que a CPU busca dados na memória de trabalho (RAM), modifica-os e coloca-os de volta no lugar. Pode significar também uma modificação nas saídas digitais, passando a tensão de 0 para 5V ou vice-versa.

A memória EEPROM é um pouco parecida com a memória flash no sentido de que não é volátil. Isto é, se você desligar o dispositivo e voltar a ligá-lo, o que estava na EEPROM não será esquecido. A memória flash é usada no armazenamento de instruções de programa (sketches), ao passo que a EEPROM é usada no armazenamento de dados que você não quer perder se ocorrer um reset ou um desligamento da alimentação elétrica.

>> Outros componentes

Acima do microcontrolador encontra-se um pequeno componente retangular prateado. É um oscilador a cristal. Ele realiza 16 milhões de ciclos ou oscilações por segundo e, em cada um desses ciclos, o microcontrolador pode executar uma operação – de adição, subtração ou alguma outra operação matemática.

No canto esquerdo superior encontra-se a chave de Reset. Quando se aperta essa chave, um pulso lógico é enviado ao pino de Reset do microcontrolador, fazendo o microcontrolador iniciar seu programa do zero e limpar a memória. Observe que qualquer programa armazenado no dispositivo será preservado, porque ele foi colocado em uma memória flash não volátil – isto é, memória que não esquece seus dados mesmo quando o dispositivo não está sendo energizado.

Na borda direita da placa encontra-se o Conector Serial de Programação. Ele proporciona um meio alternativo para programar o Arduino sem que a porta USB seja usada. Como nós já temos uma conexão USB e um software que permite seu uso, nós não utilizaremos esse recurso.

No canto superior esquerdo da placa, junto ao soquete USB, encontra-se o chip de interface USB. Esse chip converte os níveis de sinal usados pelo padrão USB em níveis que podem ser usados diretamente pela placa do Arduino.

» As origens do Arduino

Originalmente o Arduino foi desenvolvido para servir como recurso auxiliar no ensino de estudantes. Mais adiante (em 2005), ele foi desenvolvido comercialmente por Massimo Banzi e David Cuartielles. Desde então, tornou-se um produto extremamente bem sucedido junto a fabricantes, estudantes e artistas, devido à sua facilidade de uso e durabilidade.

Um outro fator chave do seu sucesso é que todos os projetos com Arduino estão disponíveis gratuitamente sob licença da Creative Commons. Isso permitiu que aparecessem muitas placas alternativas de custo menor. Somente o nome Arduino está protegido, de modo que tais clones frequentemente têm nomes do tipo "duino", tais como Boarduino, Seeeduino e Freeduino. Em 2014, houve uma disputa judicial entre a equipe original que concebeu o Arduino e o principal fabricante das placas de Arduino. Um resultado desse desentendimento é que agora, fora dos Estados Unidos, o Arduino Uno é conhecido como Genuino Uno. Muitos revendedores de renome vendem somente as placas oficiais, que são de excelente qualidade e vêm dentro de embalagens de visual muito atraente.*

Uma outra razão para o sucesso do Arduino é que ele não se limita a placas com microcontrolador. Há um número enorme de placas acessórias (denominadas *shields*) compatíveis com o Arduino. Essas placas são encaixadas diretamente por cima do Arduino. Como há shields disponíveis para praticamente qualquer aplicação que você possa imaginar, muitas vezes você poderá dispensar

---

*N. de T.: Após o lançamento da edição original deste livro em inglês, houve um anúncio em outubro de 2016 de que as duas partes dessa disputa estariam chegando a um entendimento. Entretanto, a questão ainda não foi encerrada em definitivo. Ver *https://blog.arduino.cc/2016/10/01/two-arduinos-become-one-2/*.

o uso do ferro de soldar e, em vez disso, poderá conectar diversos shields simplesmente empilhando-os. A lista seguinte mostra alguns exemplos dos shields mais populares:

- Ethernet, shield que dá recursos para um Arduino funcionar como servidor de web
- Motor, shield que aciona motores elétricos
- USB Host (Hospedeiro USB), shield que permite o controle de dispositivos USB
- Relays (Relés), shield que comanda relés a partir do seu Arduino

A Figura 1.3 mostra um shield de motor (esquerda) e um shield de relés (direita).

Figura 1.3 >> Shields de motor e de relés.

A família Arduino

É útil conhecer um pouco das diversas placas de Arduino. Como dispositivo padrão, nós usaremos a placa de Arduino Uno – mais exatamente Arduino Uno R3 (Revisão 3). Na verdade, essa placa de Arduino é de longe a mais usada, mas todas são programadas com a mesma linguagem e a maioria usa as mesmas conexões com o mundo exterior, de modo que você pode facilmente trocar a sua placa por outra diferente.

Uno e Leonardo

O Arduino Uno é apenas uma encarnação de uma longa série de placas de Arduino. A série inclui o Diecimila (10.000 em italiano) e o Duemilanove (2009 em italiano). A Figura 1.4

mostra um Arduino Leonardo. A esta altura, você já deve ter adivinhado que o Arduino é uma invenção italiana.

O Arduino Leonardo (Figura 1.4) é outra opção popular de placa de Arduino que pode substituir o Arduino Uno na maioria das situações. É um pouco mais barato do que o Uno e tem as mesmas conexões. Seu chip processador é soldado na placa e não pode ser removido (como é possível fazer com o processador de um Arduino Uno). Seu custo menor deve-se em parte ao uso de um processador que contém sua própria interface USB em vez de usar um chip separado, como ocorre com o Uno.

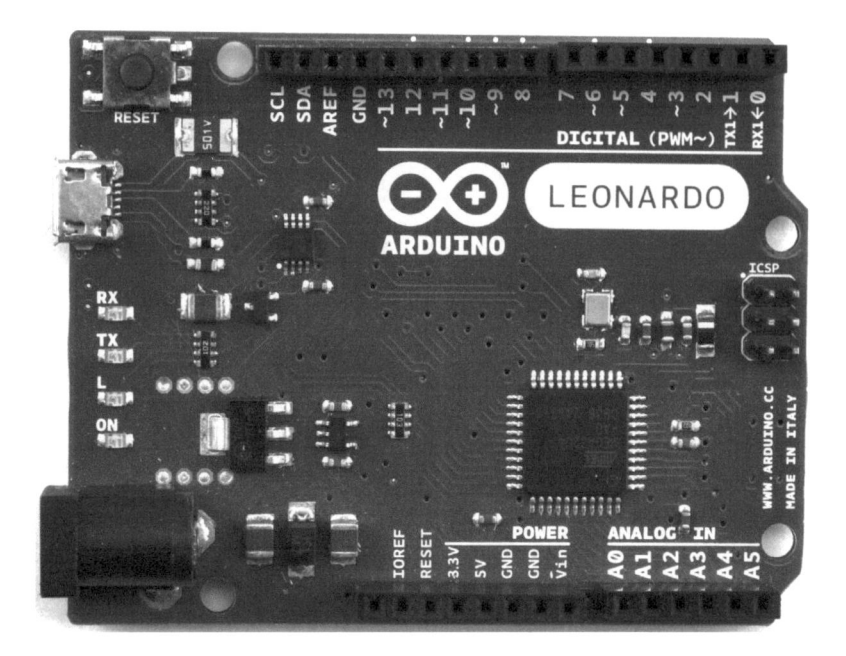

Figura 1.4 >> O Arduino Leonardo.

>> Mega e Due

O Arduino Mega é o carro de alta performance das placas Arduino. Ele oferece uma grande quantidade de portas de entrada e saída. Isso é feito de forma engenhosa com a colocação de pinos extras em um dos lados da placa, de tal modo que a placa permanece compatível pino a pino com os Arduinos Uno e Leonardo e também com todos os shields disponíveis de Arduino.

O Mega usa o processador ATmega1280 que tem mais pinos de entrada e saída. Esse chip é do tipo de montagem superficial (surface mount), estando soldado de forma permanente à placa. Diferentemente do Uno e de outras placas similares, você não poderá substituir o processador caso venha a danificá-lo acidentalmente.

Os pinos extras estão dispostos em um dos lados da placa. Entre as características extras do Mega, estão as seguintes:

- 54 pinos de entrada e saída
- 128KB de memória flash para armazenar sketches e dados permanentes (o Uno tem 32KB)
- 8KB de RAM
- 4KB de EEPROM

O Arduino Due (Figura 1.5) tem o mesmo tamanho de placa e os mesmos pinos que o Mega, mas usa um processador ARM de 32 bits funcionando a 84MHz. Ele trabalha com 3,3V em vez de 5V, como a maioria das placas de Arduino. Desse modo, alguns shields de Arduino não funcionarão corretamente.

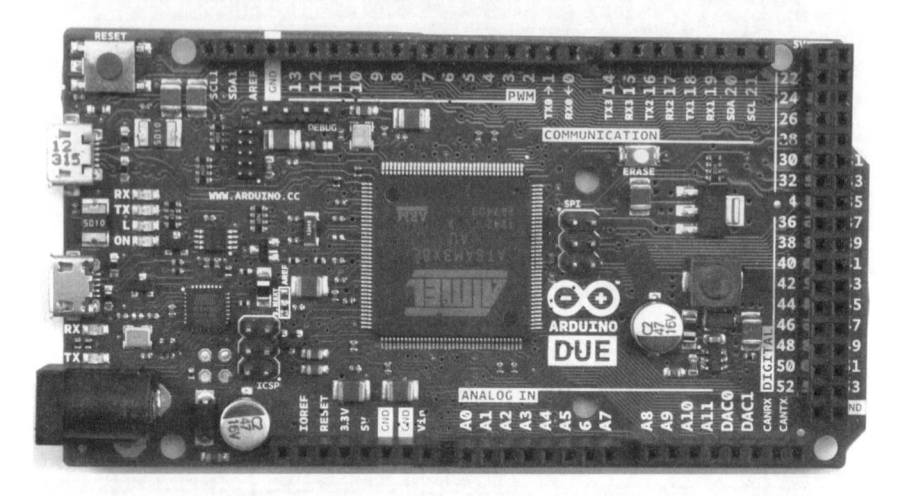

Figura 1.5 >> Uma placa de Arduino Due.

>> As placas micro e de pequeno porte de Arduino

Para aqueles casos em que um Uno é grande demais, há uma série de placas Arduino e outras compatíveis com Arduino que são de pequeno porte. A Figura 1.6 mostra uma seleção dessas placas.

O Arduino Micro usa o mesmo microcontrolador que o Leonardo, mas a placa foi reduzida resultando em uma placa mais compacta. Placas fornecidas por terceiros, como a LeoStick e a Trinket da Adafruit, oferecem alternativas ao Arduino Micro.

O lado negativo dessas placas de pequeno porte, como o Arduino Micro, é que elas não aceitam shields feitos para o Uno porque são muito menores.

Figura 1.6 >> O Arduino Micro (esquerda), o LeoStick da Freetronics (centro) e o Trinket (direita).

>> Yun

O Arduino Yun (Figura 1.7) é essencialmente um Arduino Leonardo combinado com um módulo WiFi miniatura que executa Linux. O objetivo é usar o Arduino em aplicações que exigem conexão com a Internet. As metades Arduino e Linux do Yun conectam-se usando um software denominado 'Bridge' (Ponte). O Yun é programado normalmente usando o IDE* de Arduino, mas também poderá ser programado por WiFi, a partir do IDE de Arduino, desde que o Yun esteja ligado à rede local.

>> Lilypad

Lilypad (Figura 1.8) é uma pequena placa de Arduino tão delgada que pode ser costurada em uma vestimenta e ser usada em aplicações que se tornaram conhecidas como computação vestível (wearable computing).

Como o Lilypad não tem conexão USB, você deve usar um adaptador especial para programá-lo. O seu visual é excepcionalmente bonito.

A Adafruit também vende uma placa denominada Flora, similar em conceito à placa Lilypad.

---

*N. de T.: Sobre IDE, veja nota de rodapé no início do próximo capítulo.

Figura 1.7 >> O Arduino Yun.

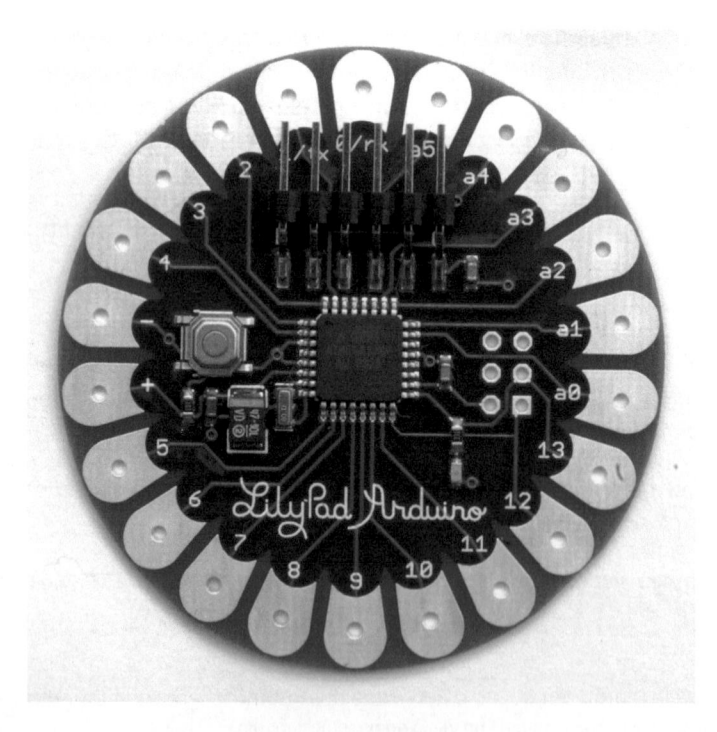

Figura 1.8 >> O Arduino Lilypad.

» Outras placas "oficiais"

As placas de Arduino recém descritas são as mais úteis e populares. Entretanto, a oferta de placas está constantemente se modificando. Para ter uma visão completa e atualizada da família Arduino, veja a lista que está disponível no site oficial em www.arduino.cc/en/Main/Hardware.

» Clones e variantes do Arduino

As placas de Arduino não oficiais dividem-se em duas categorias. Alguns fabricantes usam os projetos abertos de hardware (open-source) do Arduino e produzem outras placas mais baratas. Alguns nomes que você poderá pesquisar procurando placas dessa natureza são os seguintes:

- RedBoard da Sparkfun
- Metro da Adafruit
- Olimexino

Mais interessante ainda, alguns projetos compatíveis com o Arduino destinam-se a ampliar ou aperfeiçoar o Arduino de algum modo. Novas variantes estão aparecendo constantemente e são numerosas demais para serem mencionadas aqui. Contudo, as opções seguintes são algumas bem interessantes e populares:

- A plataforma Node MCU, que está baseada no sistema em um chip ESP8266 WiFi. Essa placa fornece uma solução de muito baixo custo para projetos que necessitam de uma conexão WiFi para seu Arduino. Veja o Capítulo 10 para mais informações.
- Trinket da Adafruit, um Arduino bem pequeno.
- EtherTen da Freetronics, um Arduino que já contém Ethernet.
- Photon da Particle, uma placa de baixo custo com WiFi. Ela é programada com Arduino C através da Internet, mas usa um IDE baseado na Web em vez de usar o IDE de Arduino.

» Conclusão

Agora que você explorou um pouco o hardware do Arduino, chegou o momento de instalar o software aplicativo do Arduino, o IDE do Arduino.

CAPÍTULO 2

Começando

Depois de introduzir o Arduino e ter aprendido um pouco a respeito do que estamos programando, chegou o momento de instalar em nosso computador o software que é necessário para começar a trabalhar com os códigos de programa.

OBJETIVOS DE APRENDIZAGEM

- » Aprender a ligar eletricamente o Arduino.
- » Aprender a instalar o software aplicativo do Arduino.
- » Aprender a instalar um Sketch na placa do Arduino.
- » Fazer um pequeno passeio pelo aplicativo Arduino.

≫ A alimentação elétrica

Quando você compra uma placa de Arduino, ela normalmente vem com um sketch (programa) já instalado denominado Blink (pisca-pisca). Esse sketch faz piscar o pequeno LED (diodo emissor de luz) que faz parte da placa.

Na placa, há um LED marcado com "L" que está conectado ao pino digital 13, que é um dos pinos de entrada e saída da placa. Isso não significa que esse pino 13 destina-se somente para acender o LED. Você também poderá usá-lo normalmente como entrada ou saída digital.

Tudo o que você precisa fazer para colocar o seu Arduino em funcionamento é alimentá-lo com energia elétrica. A maneira mais fácil de fazer isso é conectando-o na porta USB do seu computador. Você precisará de um cabo USB do tipo AB. Esse cabo é do mesmo tipo que é usado normalmente para conectar uma impressora a um computador.

Se tudo estiver funcionando corretamente, o LED deverá piscar. As novas placas de Arduino já vêm com o sketch Blink (pisca-pisca) instalado, de modo que você pode facilmente verificar se a placa está funcionando.

≫ Instalando o software

Para você instalar novos sketches na sua placa de Arduino, é necessário fazer outras coisas além de alimentá-lo com energia elétrica por meio do cabo USB. Você precisa instalar o software aplicativo de Arduino, o IDE* de Arduino (Figura 2.1).

Instruções completas e abrangentes de como instalar esse software em computadores Windows, Linux e Mac podem ser encontradas no site oficial do Arduino (www.arduino.cc).

Depois de instalar com sucesso o software do Arduino e os drivers de USB (que dependem da versão do software), você poderá fazer o carregamento (uploading) de um sketch para a placa do Arduino.

---

*N. de T.: IDE refere-se a *Integrated Development Environment*, ou seja, *Ambiente de Desenvolvimento Integrado*. Trata-se de um software que é instalado no computador que está conectado ao Arduino. No IDE de Arduino, podemos desenvolver os *sketches* (programas), que depois de prontos serão enviados ao Arduino para serem executados. Também é possível realizar diversas outras atividades.

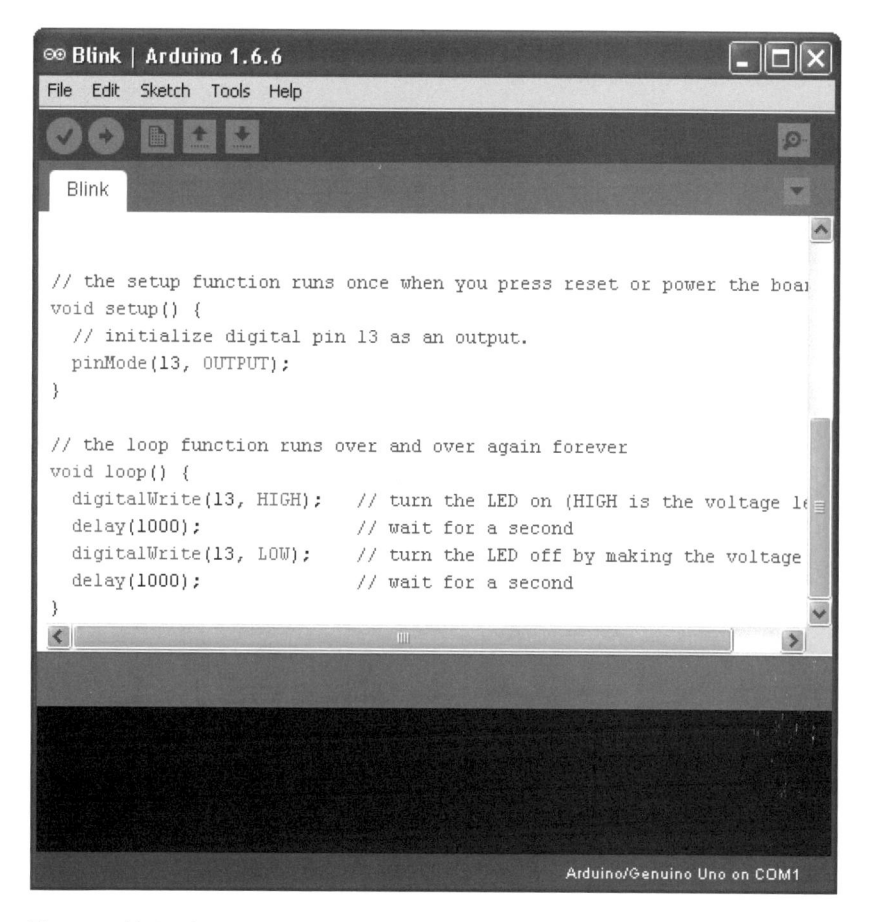

Figura 2.1 >> O software aplicativo do Arduino (versão 1.6.6).

>> Instalando o seu primeiro sketch

O programa de Arduino que faz o seu LED piscar é o equivalente Arduino do programa "Alô Mundo". Quando estamos aprendendo uma nova linguagem, esse é o primeiro programa que tradicionalmente costuma ser executado. Para testar o ambiente de programação, vamos instalar esse programa na placa do Arduino e, em seguida, modificá-lo.

Quando você inicia a execução do software aplicativo do Arduino no seu computador, ele começa criando um sketch (programa) vazio. Felizmente, esse aplicativo vem acompanhado de muitos exemplos úteis. Desse modo, a partir do menu Arquivo (File), abra o sketch Blink (pisca-pisca), como mostrado na Figura 2.2.

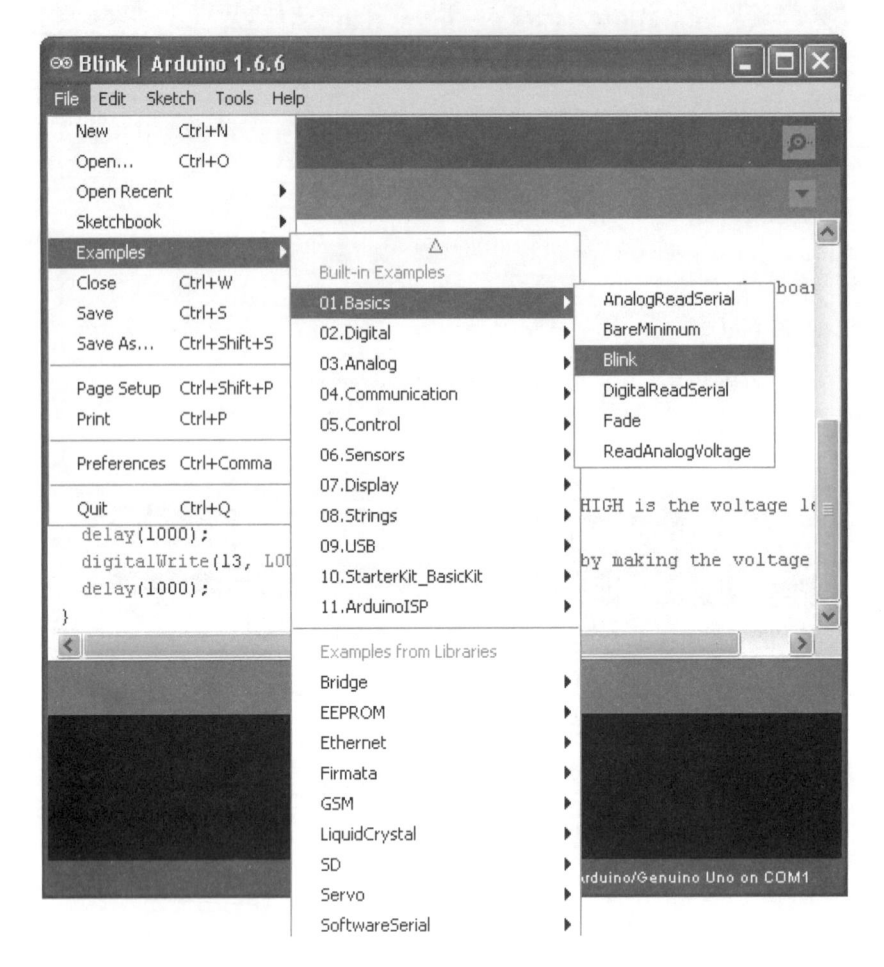

Figura 2.2 >> O Sketch Blink (pisca-pisca).

Agora você precisa transferir ou carregar esse sketch para a placa de Arduino. Para isso, faça a conexão da placa de Arduino com o computador usando o cabo USB. Você verá que o LED verde "ON" (Ligado) do Arduino irá piscar. Provavelmente, a placa do Arduino já estará piscando porque as placas geralmente vêm com o sketch Blink (pisca-pisca) instalado. Mas nós o instalaremos novamente para poder modificá-lo.

Antes de carregar um sketch, o aplicativo Arduino precisa saber qual é o tipo de placa que você está utilizando e qual é a porta serial usada na conexão. As Figuras 2-3 e 2-4 mostram como isso é feito usando o menu Ferramentas (Tools).

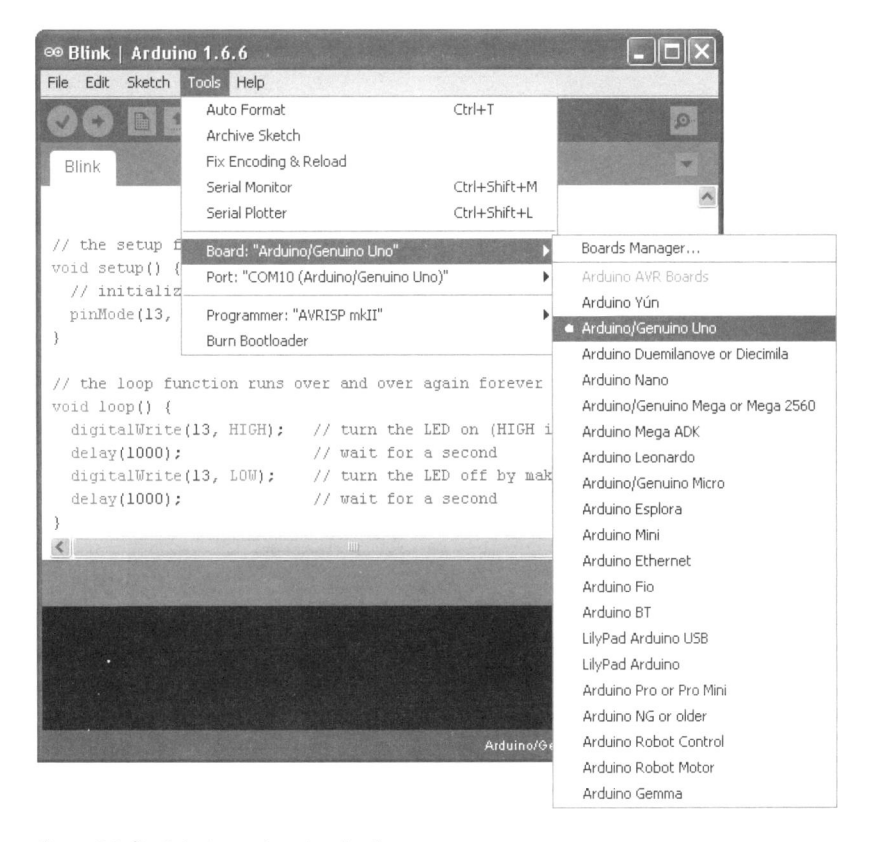

Figura 2.3 >> Selecionando o tipo de placa.

Em uma máquina Windows, a porta serial é sempre COM seguido de um número. Em máquinas Mac e Linux, você verá uma lista muito maior de dispositivos seriais (veja a Figura 2.5). O dispositivo será normalmente o que está bem embaixo da lista, com um nome similar a /dev/cu.usbmodem621.

Agora, clique no ícone de Carregar (Upload) na barra de ferramentas. Isto está destacado na Figura 2.6.

Depois de clicar no botão, haverá uma breve pausa enquanto o sketch é compilado e então começará a transferência (carregamento) para o Arduino. Se tudo estiver funcionando corretamente, haverá um pisca-pisca rápido de LEDs à medida que o sketch for transferido.

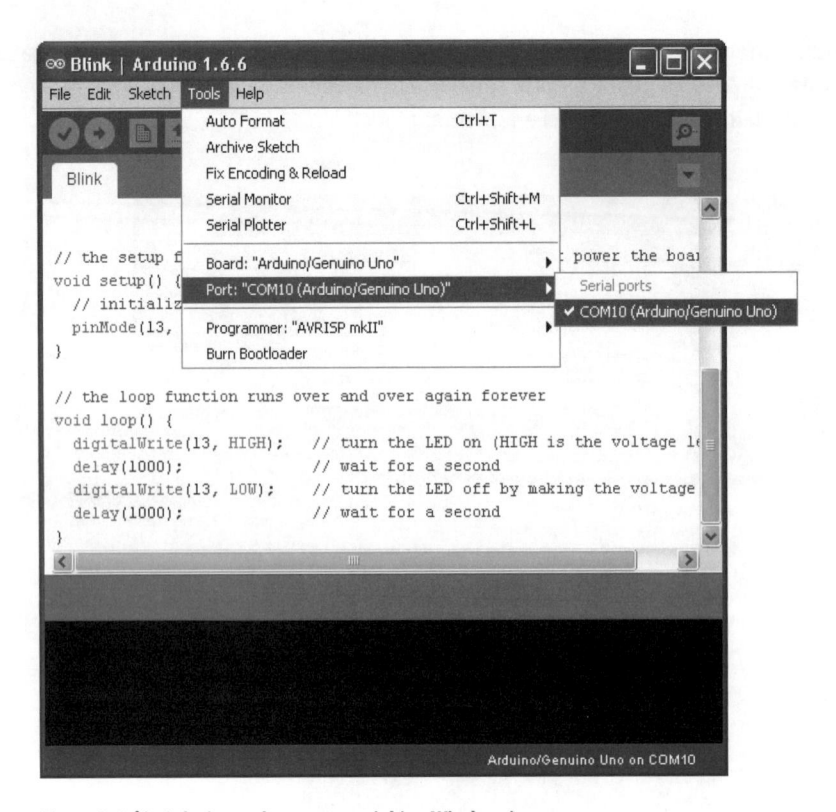

Figura 2.4 >> Selecionando a porta serial (no Windows).

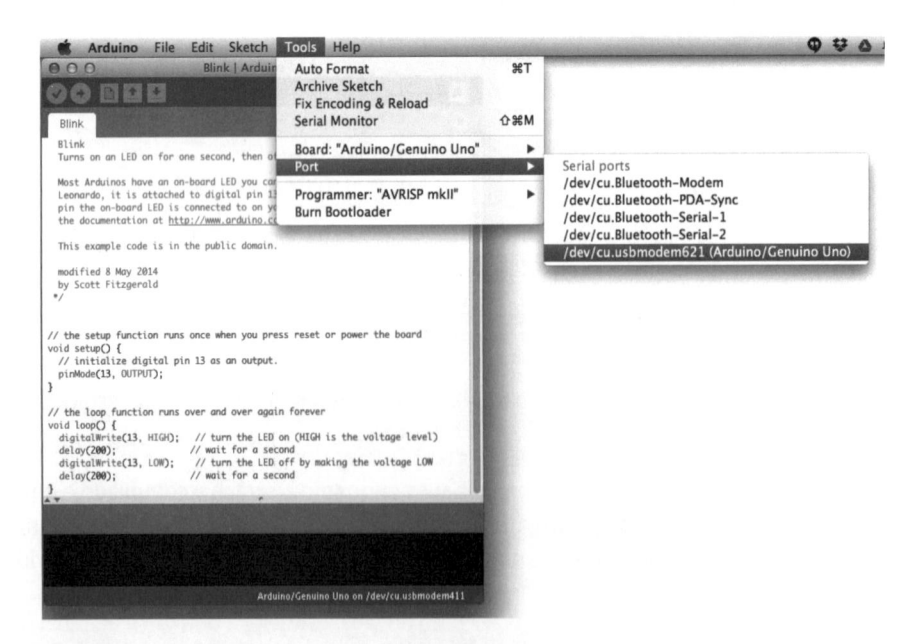

Figura 2.5 >> Selecionando a porta serial (em um Mac).

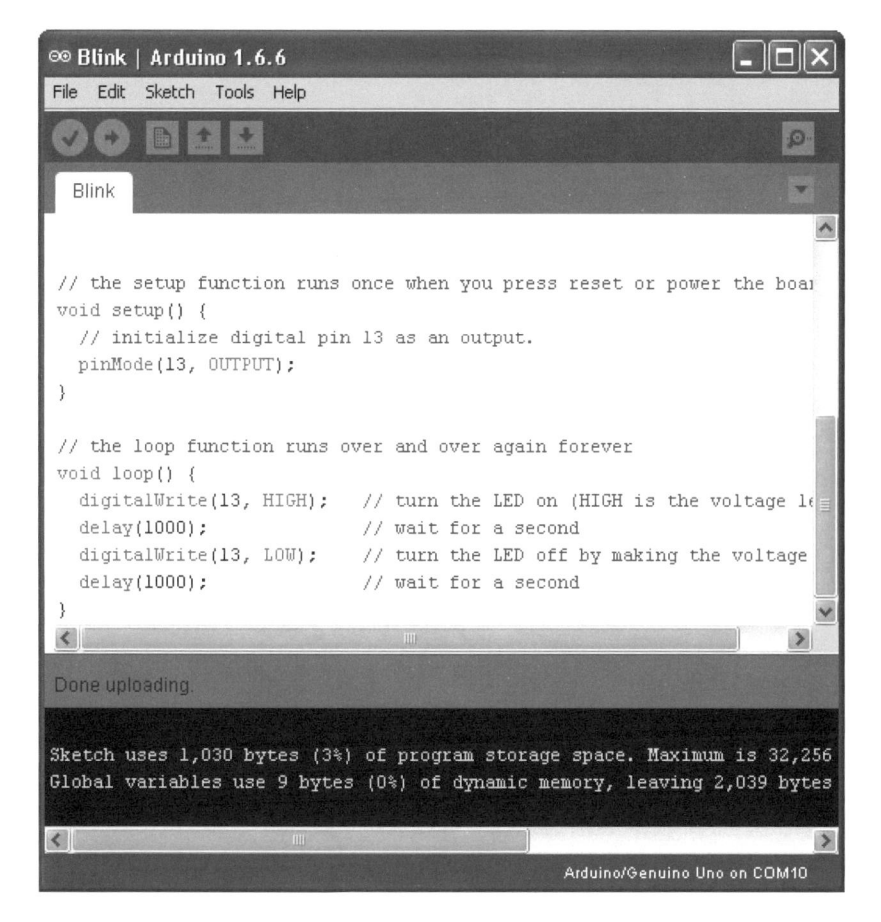

Figura 2.6 >> Carregando (Uploading) o sketch para a placa de Arduino.

Quando terminar, na parte de baixo da janela do aplicativo de Arduino você deverá ver a mensagem "Carregado" ("Done Uploading") e uma outra mensagem similar a "O Sketch usa 1030 bytes (3%) de espaço de armazenamento para programas..." ("Sketch uses 1,030 bytes (3%) of program storage space...").

Depois do carregamento, a placa começará automaticamente a executar o sketch e você verá o LED "L" piscando.

Se não funcionar, verifique as opções que você definiu para porta serial e tipo de placa.

Agora vamos modificar o sketch para que o LED pisque mais rapidamente. Para isso, vamos alterar os dois lugares do sketch onde há um retardo de 1.000 milissegundos – **delay(1000)** – de modo que o retardo passe a ser de 500 milissegundos – **delay(500)**. A Figura 2.7 mostra o sketch modificado com destaque para as alterações.

Clique no botão Carregar (Upload) para fazer uma nova transferência de sketch. Então, você deverá ver o LED piscando duas vezes mais rápido que antes.

Parabéns, agora você está pronto para começar a programar o seu Arduino. Contudo, primeiro vamos dar um pequeno passeio pelo software aplicativo do Arduino.

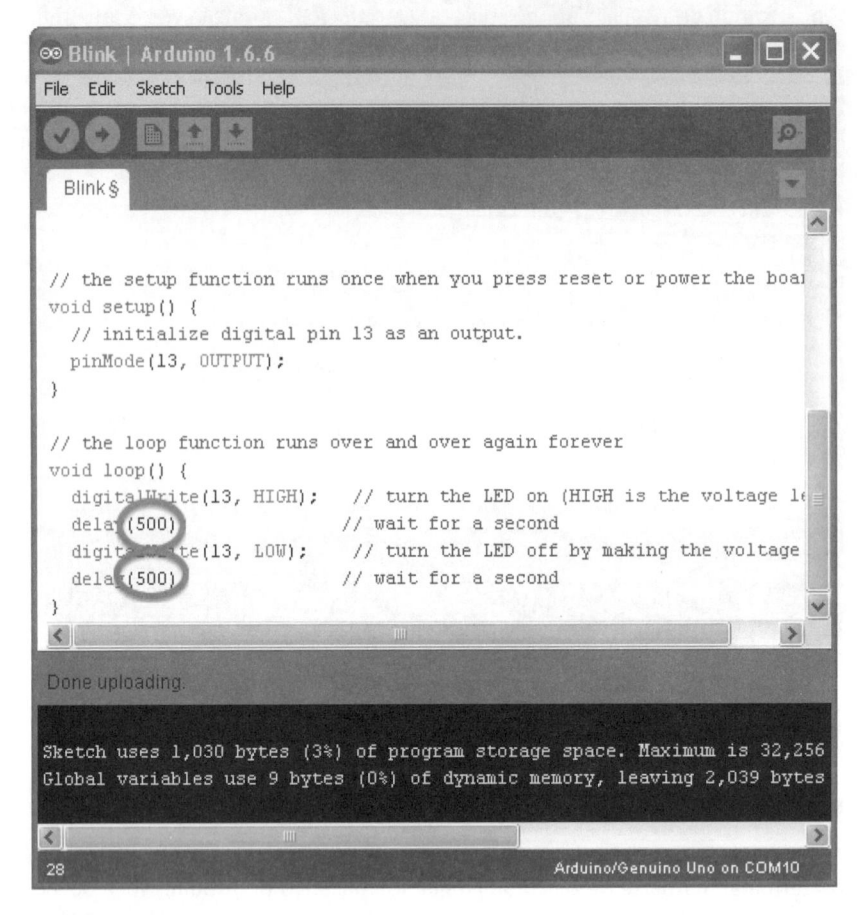

Figura 2.7 >> Modificando o sketch Blink (pisca-pisca).

>> O aplicativo Arduino

Os sketches (programas) do Arduino são como documentos em um editor de texto. Você pode abri-los e copiar partes de um para o outro. Assim, no menu Arquivo (File) você verá opções como Abrir, Salvar e Salvar Como (Open, Save e Save As). Normalmente, você não usará a opção Abrir (Open) porque o aplicativo Arduino usa o conceito denominado Sketchbook ("Livro de sketches") no qual todos os seus sketches são guardados e cuidadosamente organizados em pastas. Você poderá ter acesso ao Sketchbook a partir do menu Arquivo (File). Como você acabou de instalar e abrir o aplicativo Arduino pela primeira vez, o seu Sketchbook estará vazio e ficará assim até você criar e salvar alguns sketches.

Como você viu, o aplicativo Arduino vem com uma coleção de exemplos de sketches, que podem ser muito úteis no futuro. Se você tentar salvar o sketch Blink (pisca-pisca) depois de modificá-lo, aparecerá uma mensagem dizendo que alguns arquivos são somente de leitura e, portanto, você deverá salvar o sketch em algum outro local ou mudar seu nome.

Tente fazer isso agora. Aceite o local que está sendo proposto, mas mude o nome do arquivo para MyBlink (MeuPiscaPisca), como está mostrado na Figura 2.8.

Agora, se você for para o menu Arquivo (File) e clicar em Sketches, você verá MyBlink entre os sketches listados. No caso de um computador PC, se você olhar o sistema de arquivos, você verá que o sketch foi salvo em Meus Documentos/Arduino. Em um Mac ou Linux, ele estará em Documents/Arduino.

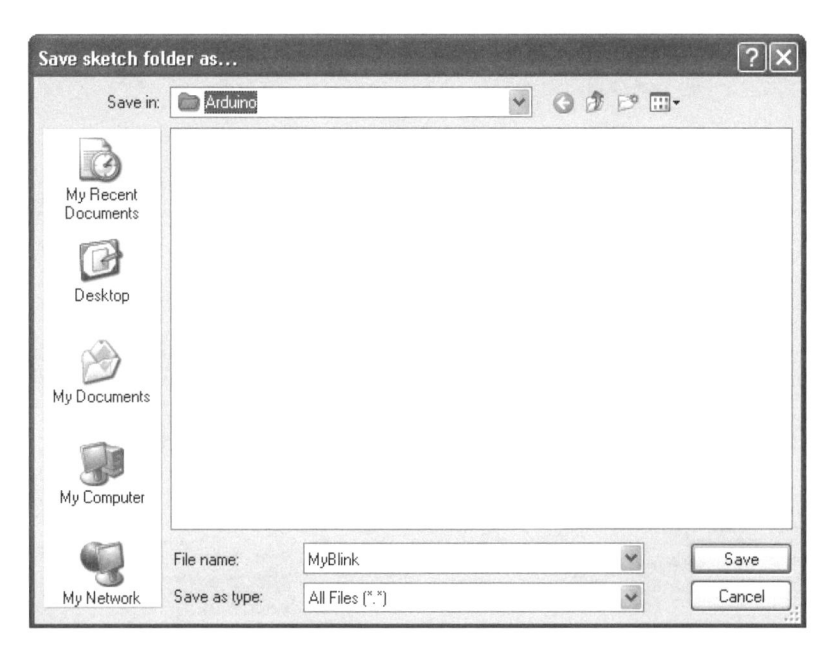

Figura 2.8 >> Salvando uma cópia do sketch Blink (pisca-pisca).

Todos os sketches usados neste livro podem ser baixados como um arquivo zip (similar a Programming_Arduino.zip) no site www.arduinobook.com. Agora é o momento de baixar esse arquivo e descompactá-lo (unzip) na pasta Arduino que contém os sketches. Depois de descompactá-lo, deverá haver duas pastas dentro da pasta Arduino: uma para o MyBlink, que acabou de ser salvo, e uma denominada Programming Arduino (veja a Figura 2.9). A pasta Programming Arduino conterá todos os sketches deste livro, numerados de acordo com os capítulos, de modo que o sketch 03-01, por exemplo, é o sketch 1 do Capítulo 3.

Esses sketches não aparecerão no menu do Sketchbook até você sair e executar novamente o aplicativo do Arduino. Faça isso agora. O seu menu do Sketchbook deverá ser semelhante ao mostrado na Figura 2.10.

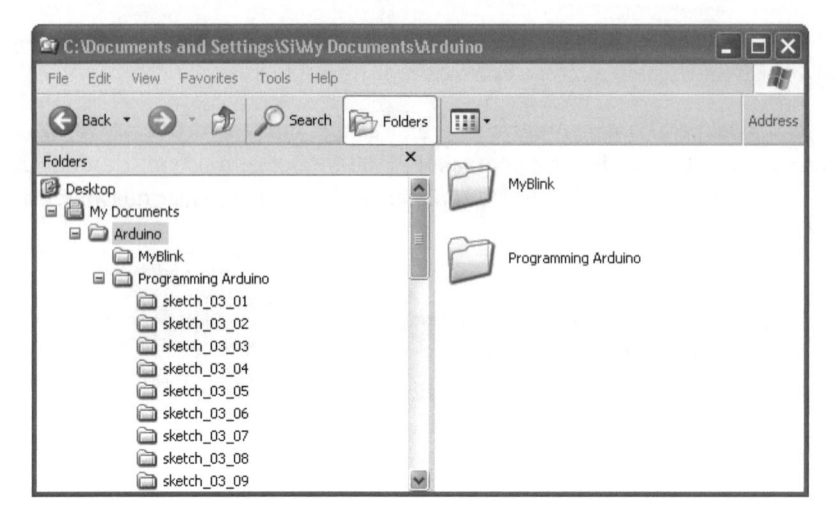

Figura 2.9 >> Instalação dos sketches do livro.

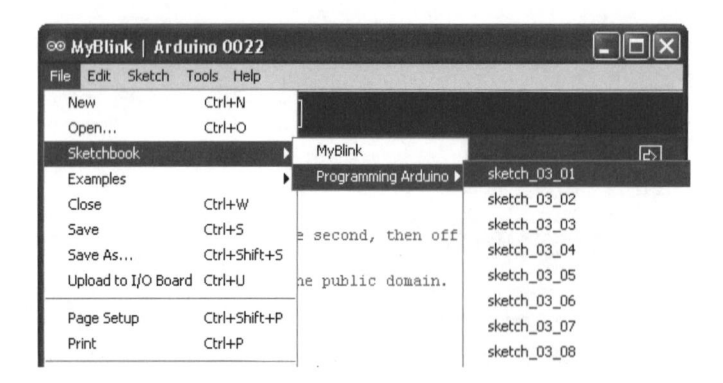

Figura 2.10 >> Sketchbook com os sketches do livro instalados.

>> Conclusão

O seu ambiente de trabalho está completamente instalado e pronto para ser usado.

No próximo capítulo, examinaremos alguns dos princípios básicos da linguagem C usada pelo Arduino e escreveremos alguns códigos de programa.

CAPÍTULO 3

Fundamentos de linguagem C

A linguagem usada na programação de Arduinos é a linguagem C. Neste capítulo, você verá os fundamentos da linguagem C. Como programador de Arduino, o que aprender aqui você usará nos sketches que desenvolver. Para tirar o máximo do Arduino, você precisa compreender esses fundamentos.

OBJETIVOS DE APRENDIZAGEM

- » Entender o que é programação e como funciona uma linguagem de programação.
- » Entender um pouco das funções setup e loop.
- » Aprender fundamentos da linguagem C.
- » Aprender o que é uma variável em C.
- » Explorar alguns comandos de decisão e repetição da linguagem C.

» Programando

Não é incomum pessoas falarem mais de uma língua. De fato, quanto mais línguas você falar, mais fácil fica aprender outras línguas, porque você começa a se dar conta das estruturas comuns de gramática e vocabulário. O mesmo vale para as linguagens de programação. Assim, se você já usa alguma outra linguagem, vai assimilar com rapidez a linguagem C.

A boa notícia é que o vocabulário de uma linguagem de programação é muito menor do que o de uma língua falada. Além disso, o dicionário sempre poderá ser usado porque, no caso de uma linguagem de programação, você escreve e não fala. Além disso, a gramática e a sintaxe de uma linguagem de programação são extremamente regulares e, tão logo domine alguns conceitos, você passará a avançar rapidamente de forma fácil e natural.

O melhor é pensar que um programa – ou sketch, como são denominados os programas em Arduino – representa uma lista de instruções, que devem ser executadas na ordem em que foram escritas. Por exemplo, digamos que você escreveu o seguinte:

```
digitalWrite(13, HIGH);
delay(500);
digitalWrite(13, LOW);
```

Cada uma dessas três linhas faz alguma coisa. A primeira linha faz o pino 13 de saída digital passar para o nível alto (HIGH). Na placa do Arduino, esse é o pino que já vem com um LED conectado, de modo que nessa linha o LED é aceso. A segunda linha simplesmente realiza um retardo (delay) de 500 milissegundos (meio segundo). Finalmente, a terceira linha coloca a saída em nível baixo (LOW) apagando o LED. Assim, essas três linhas em conjunto fazem o LED piscar uma vez.

Nessas três linhas, você pode ver um conjunto de sinais de pontuação, usados de maneira estranha e confusa, e também palavras sem espaços entre elas. Uma frustração de muitos programadores iniciantes é: "Eu sei o que quero, mas não sei o que devo escrever!" Não se assuste, tudo será explicado.

Em primeiro lugar, vamos tratar dos sinais de pontuação e da forma como as palavras são formadas. Ambos são parte do que se denomina sintaxe da linguagem. A maioria das linguagens exige que você seja extremamente preciso a respeito da sintaxe e uma das regras principais é que os nomes das coisas devem ser constituídos de apenas uma palavra. Isto é, esses nomes não podem incluir espaços em branco. Assim, **digitalWrite** (escrever na saída digital) é o nome de alguma coisa. No caso, é o nome de uma função interna. Mais adiante você aprenderá mais sobre as funções. Na placa de Arduino, essa função faz um dos pinos de saída digital ser colocado em um dado nível lógico. Não é permitido usar espaços em branco nos nomes e há regras para o uso de letras maiúsculas e minúsculas. Desse modo, você deve escrever **digitalWrite** e não **DigitalWrite** ou **Digitalwrite**.

A função **digitalWrite** precisa saber qual é o pino que deve ser ativado e qual é o nível em que deve ser colocado o pino, o nível HIGH (alto) ou o nível LOW (baixo). Esses dois dados são denominados *argumentos*. Dizemos que esses argumentos são *passados* para uma função quando ela é *chamada*. Os parâmetros de uma função devem ser colocados entre parênteses e separados por vírgulas.

A convenção é abrir parênteses imediatamente após a última letra do nome da função e colocar um espaço em branco entre a vírgula e o parâmetro seguinte. Entretanto, se desejar, você poderá colocar mais espaços em branco dentro dos parênteses.

Se a função tem apenas um argumento, então não há necessidade de vírgula.

Observe que cada linha termina com um ponto e vírgula. Seria mais lógico esperar que fosse usado um ponto, porque se trata do final de um comando, tal como o final de uma frase.

Na próxima seção, você descobrirá mais um pouco sobre o que acontece quando você aperta o botão de Upload (transferir sketch) no aplicativo Arduino, ou mais exatamente no assim denominado ambiente de desenvolvimento integrado (IDE, de Integrated Development Environment, em inglês). Depois disso tudo, você estará capacitado para começar a examinar alguns exemplos de sketch.

» O que é uma linguagem de programação?

Talvez seja um pouco surpreendente que tenhamos chegado a este Capítulo 3 em um livro sobre programação sem ter definido exatamente o que é uma linguagem de programação. Um sketch é um conjunto de palavras escritas de acordo com a linguagem de programação formando uma página de texto. Podemos reconhecer um sketch de Arduino e provavelmente ter uma ideia rudimentar do que ele faz, mas é necessário que examinemos com mais profundidade como ocorre a conversão de um código escrito em uma linguagem de programação em algo capaz de fazer acontecer alguma coisa na realidade, como o acender e o apagar de um LED.

A Figura 3.1 resume o processo que ocorre desde escrever um código no IDE do Arduino até executar o respectivo sketch na placa.

Quando você clica no ícone Carregar (Upload) do IDE do Arduino, ele dispara uma sequência de eventos que resulta na instalação do seu sketch no Arduino e na sua execução. Isso não é tão imediato como pegar o texto que você escreveu no editor e simplesmente transferi-lo para a placa do Arduino.

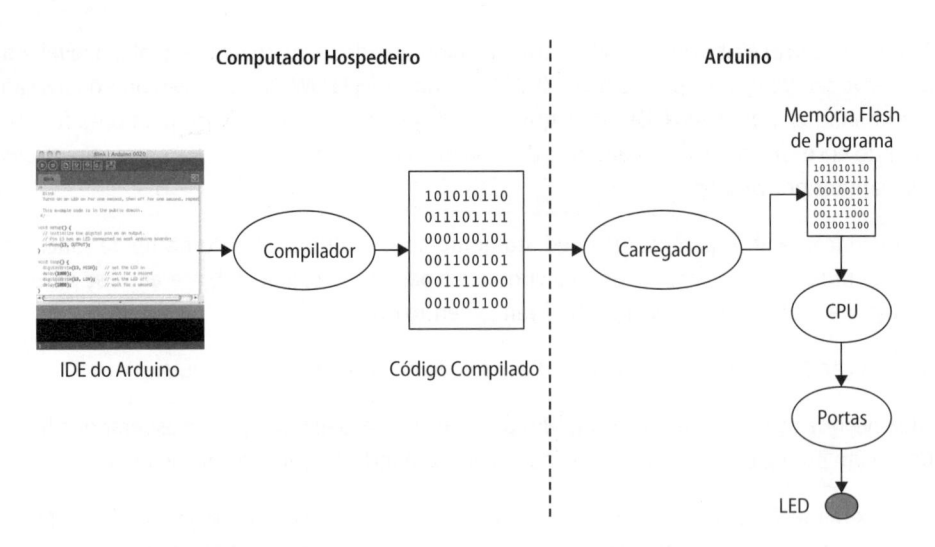

```
                Computador Hospedeiro                    │              Arduino
                                                         │
                                                         │                    Memória Flash
                                                         │                    de Programa
                                                         │                    ┌──────────┐
                                       ┌──────────┐      │                    │ 101010110│
                                       │ 101010110│      │                    │ 011101111│
                                       │ 011101111│      │                    │ 000100101│
                                       │ 000100101│      │             ┌─────▶│ 001100101│
               ╭──────────╮            │ 001100101│     ╭──────────╮   │      │ 001111000│
         ─────▶│ Compilador│──────────▶│ 001111000│────▶│ Carregador│──┘      │ 001001100│
               ╰──────────╯            │ 001001100│     ╰──────────╯          └──────────┘
                                       └──────────┘      │                          │
                                                         │                          ▼
                                                         │                       ╭─────╮
                                                         │                       │ CPU │
                                                         │                       ╰─────╯
                                                         │                          │
                                                         │                          ▼
                IDE do Arduino         Código Compilado  │                      ╭───────╮
                                                         │                      │ Portas│
                                                         │                      ╰───────╯
                                                         │                          │
                                                         │                     LED ●
```

Figura 3.1 ❯❯ Do código para a placa.

O primeiro passo é realizar algo denominado *compilação*. Nesse passo, o código que você escreveu é traduzido para o código de máquina – a linguagem binária que o Arduino compreende. Se você clicar no botão triangular Verificar (Verify), bem à esquerda na linha com ícones de botões no IDE do Arduino, então será feita a compilação do seu programa em C sem haver a transferência do código resultante para a placa do Arduino. Um outro resultado da compilação do código é uma verificação para assegurar que ele está de acordo com a linguagem C.

Se você escrever **Ciao Bella*** no IDE do Arduino e clicar no botão Verificar (Verify), os resultados serão os mostrados na Figura 3.2.

O Arduino tentou compilar as palavras "Ciao Bella" em italiano, mas não faz ideia do que isso significa, mesmo sendo ele de origem italiana. Como esse texto não está em C, o resultado é que na parte de baixo da tela temos uma mensagem de difícil compreensão ("error: Ciao does not name a type") avisando de que há um erro. A mensagem está alertando de que 'Ciao' não se refere a algum tipo de dado usado em C. Na realidade, isso significa que você escreveu algo errado.

Vamos tentar um outro exemplo. Desta vez, tentaremos compilar um sketch sem linha de código (veja a Figura 3.3).

Agora, o compilador está dizendo que as funções **setup** (inicialização) e **loop** (laço) não foram definidas no seu sketch. Em um sketch, como você já sabe do exemplo Blink do Capítulo 2, deve-se incluir algumas linhas padronizadas antes de começar a inserir o seu próprio código. Na programação do Arduino, esse código padronizado está na forma das funções **setup** e **loop** que devem estar sempre presentes em um sketch.

---

*N. de T.: "Alô Bela", em italiano.

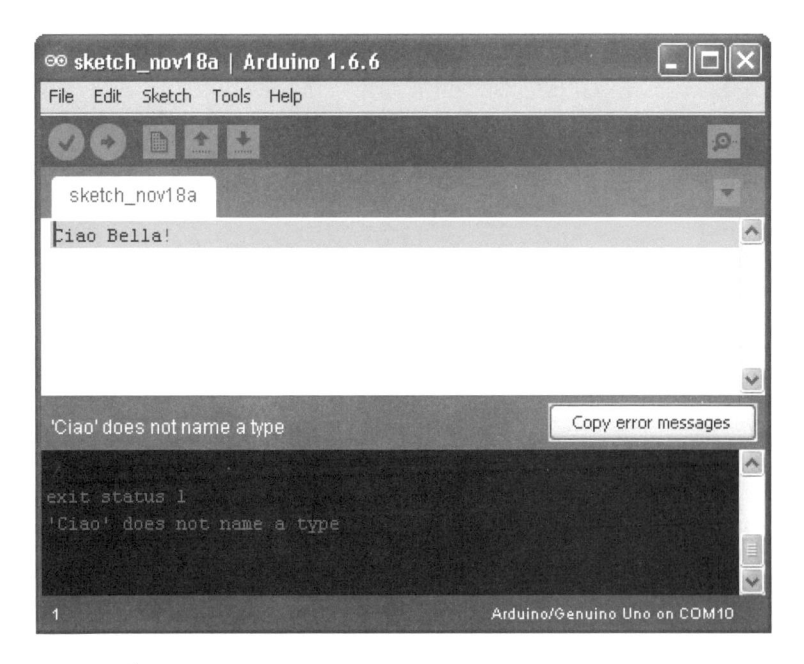

Figura 3.2 >> Os Arduinos não falam italiano.

Figura 3.3 >> Nem setup nem loop estão presentes.

Você aprenderá muito mais sobre funções nas próximas seções do livro. Por enquanto, vamos aceitar a necessidade dessas linhas padronizadas e adaptá-las ao nosso sketch para que possamos compilá-lo (veja Figura 3.4).

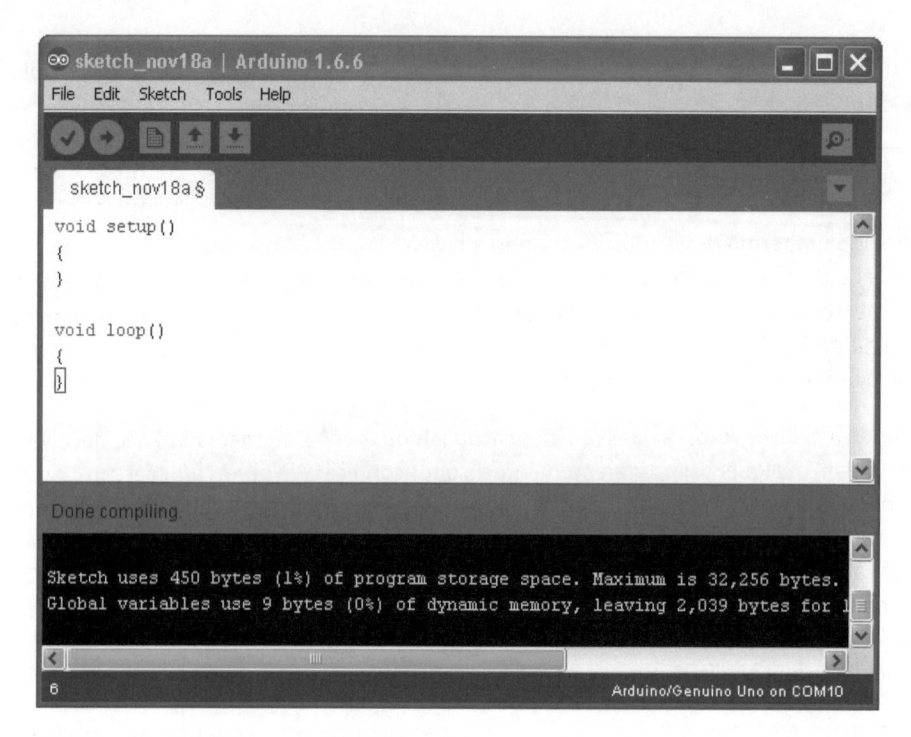

Figura 3.4 >> Um sketch compilado com sucesso.

O IDE de Arduino examinou o código que você escreveu e verificou que ele é aceitável. O IDE informa isso anunciando que a "Compilação foi Realizada" ("Done Compiling") e que o tamanho do seu sketch é 450 bytes. O IDE também informa que o tamanho máximo disponível para programas é 32.256 bytes. Portanto, você ainda tem muito espaço para ampliar o seu sketch.

Agora, vamos examinar essas linhas padronizadas de código. Elas serão sempre o ponto de partida de todos os sketches que você escrever. Há algumas novidades aqui, como por exemplo a palavra **void** e alguns sinais de chave: { e }. Primeiro vamos tratar da palavra **void**.

A linha **void setup()** significa que você está definindo uma função denominada **setup** (inicialização). No Arduino, algumas funções já estão definidas para você, como **digitalWrite** e **delay**. No entanto, você poderá definir outras funções que poderão ser usadas por você. As funções **setup** (inicialização) e **loop** (laço de repetição) são duas que você deverá definir em todos os seus sketches.

O importante a compreender aqui é que você não está chamando **setup** ou **loop** do mesmo modo que chamaria **digitalwrite**. Na realidade, você está criando essas funções de tal modo que o próprio sistema Arduino irá chamá-las. Esse é um conceito difícil de assimilar, mas uma forma de imaginá-lo é como uma definição em um documento legal.

Em muitos documentos legais há uma seção de "definições" que pode conter, por exemplo, algo como:

```
Definições.
Autor: A pessoa ou pessoas responsáveis pela criação do livro
```

Definindo um termo dessa forma – usando a palavra "autor" como uma abreviação para "a pessoa ou pessoas responsáveis pela criação do livro" – os advogados podem tornar os seus documentos mais curtos e legíveis. No caso do Arduino, as funções operam de forma muito semelhante. Você primeiro define uma função e depois você mesmo ou o próprio sistema poderá usá-la em outros locais dos seus sketches.

Voltando à palavra **void**, as duas funções **setup** e **loop,** depois de chamadas, não devolvem ou retornam qualquer valor, diferentemente do que acontece com outras funções. No caso de funções que não retornam valor, essa condição deve ser indicada explicitamente declarando que elas nada devolverão. Para isso você deve usar a palavra-chave **void** (que em inglês significa vazio). Se você imaginar uma função de nome **sin** (seno) que executa a função trigonométrica desse mesmo nome, você estará definindo uma função que devolve ou retorna um valor. O valor retornado, que será usado como resultado da chamada da função, é o seno do ângulo que foi passado como argumento durante a chamada da função.

Assim como em uma definição usamos palavras para definir um termo, nós primeiro escrevemos as funções em C, definindo-as, e depois as chamamos de dentro dos nossos programas em C.

Após a palavra especial **void**, vem o nome da função e os parênteses dentro dos quais estão os argumentos. No nosso caso não há argumentos, mas mesmo assim os parênteses devem ser incluídos. Não há ponto e vírgula porque nós estamos definindo e não chamando a função. Na definição, devemos dizer o que acontece quando a função for efetivamente chamada.

As coisas que devem acontecer quando a função for chamada são colocadas dentro de chaves, { e }. As chaves e o código contido entre elas são conhecidos como *bloco* de código. Esse é um conceito que você voltará a encontrar mais adiante.

Observe que, na realidade, é necessário definir ambas as funções **setup** e **loop**, mas não é necessário incluir linha de código dentro dessas definições. Entretanto, se você nada colocar, nada acontecerá e o sketch não terá graça.

>> Blink (pisca-pisca) – novamente!

O Arduino tem as duas funções **setup** e **loop** para separar as coisas que devem acontecer uma única vez, quando o Arduino começa a execução do sketch, das coisas que devem acontecer repetidas vezes sem parar.

Quando o sketch começa a ser executado, a função **setup** é chamada uma única vez. Vamos acrescentar algumas linhas para que o LED da placa pisque. Inclua mais linhas no seu sketch como se mostra a seguir. Depois, faça carregue-o (upload) para a sua placa.

```
void setup()
{
  pinMode(13, OUTPUT);
  digitalWrite(13, HIGH);
}

void loop()
{
}
```

A função **setup** chama, ela própria, duas funções internas (pré-definidas), **pinMode** e **digitalwrite**. Você já conhece **digitalwrite**, mas **pinMode** é nova. A função **pinMode** (modo de um pino) define o modo de operação de um pino, que pode ser de entrada ou saída. Portanto, o processo de acender um LED exige na realidade duas etapas. Primeiro, você define que o pino 13 será uma saída e, em seguida, você precisa fazer o nível da saída ser HIGH (alto), correspondendo a 5V.

Quando você executa esse sketch, você verá que o LED da placa acende e permanece assim. Esse efeito é muito simples. Agora, vamos tentar fazê-lo piscar. Para tanto, vamos acendê-lo e apagá-lo dentro da função **loop** e não da **setup**.

Você pode chamar a **pinMode** de dentro da função **setup** porque é necessário chamá-la apenas uma única vez. Esse sketch funcionaria também mesmo que você movesse essa chamada para dentro da função **loop** (laço de repetição). Na realidade, não há necessidade disso e é uma boa prática de programação fazer uma única vez as coisas sempre que for suficiente fazê-las apenas uma vez. Assim, modifique o sketch deixando-o como segue:

```
void setup()
{
  pinMode(13, OUTPUT);
}

void loop()
{
  digitalWrite(13, HIGH);
  delay(500);
  digitalWrite(13, LOW);
}
```

Execute esse sketch e veja o que acontece. Talvez não seja bem o que você estava esperando. Basicamente o LED permanece aceso o tempo todo. Por que isso acontece?

Tente avançar passo a passo no sketch, executando mentalmente uma linha de cada vez:

1. Execute **setup** e faça o pino 13 ser uma saída.
2. Execute **loop** e faça o pino 13 ir para o nível HIGH (alto, o LED acende).
3. Execute um retardo (delay) de meio segundo.
4. Faça o pino 13 ir para o nível LOW (baixo, o LED apaga).
5. Repita **loop** novamente, voltando para o passo 2 e fazendo o pino 13 ir para o nível HIGH (LED acende).

O problema está entre os passos 4 e 5. O que está acontecendo é que o LED é apagado, mas a primeira coisa que acontece logo em seguida é ele voltar a ser aceso. Isso ocorre tão rapidamente que o LED parece estar aceso o tempo todo.

O chip microcontrolador do Arduino pode realizar 16 milhões de instruções por segundo. Não se trata de 16 milhões de comandos em linguagem C, mas mesmo assim é muito rápido. Portanto, o nosso LED ficará apagado somente por uns poucos milionésimos de segundo.

Para resolver o problema, você precisa acrescentar outro retardo após apagar o LED. Agora, o seu código será como o seguinte:

```
// sketch 3-01
void setup()
{
  pinMode(13, OUTPUT);
}

void loop()
{
  digitalWrite(13, HIGH);
  delay(500);
  digitalWrite(13, LOW);
  delay(500);
}
```

Tente novamente. O LED deve piscar alegremente uma vez por segundo.

Na primeira linha desse sketch, você deve ter observado o "rótulo" de comentário "sketch 3-01" identificando o sketch. Para poupá-lo de escrever todos os sketches deste livro, linha por linha, nós os colocamos à sua disposição em um site com os respectivos "rótulos" de identificação. Você poderá encontrá-los e baixá-los em http://www.arduinobook.com clicando em [download code].

>> Variáveis

No exemplo de Blink (pisca-pisca), você usou o pino 13 e fez referência a ele em três locais. Se você decidisse usar um pino diferente, então você teria que alterar o código nesses três lugares. Do mesmo modo, se você quisesse mudar a velocidade do pisca-pisca, que é controlado pelo argumento de `delay()`, você teria que trocar o 500 por outro valor em diversos lugares.

As variáveis podem ser entendidas como um processo que dá um nome a um número. Na realidade, elas podem fazer muito mais, mas por enquanto você irá usá-las só com essa finalidade.

Quando você está definindo uma variável em C, você deve especificar o seu tipo. Nós queremos que cada uma de nossas variáveis seja um número inteiro, o que corresponde ao atributo denominado **int** em C. Assim, para definir uma variável inteira de nome **ledPin** (pino do LED) com o valor 13, você precisa escrever o seguinte:

```
int ledPin = 13;
```

Observe que, como **ledPin** é um nome composto de duas palavras, as mesmas regras dos nomes das funções devem ser aplicadas. Assim, não deve haver espaços em branco no nome e, se o nome for composto por múltiplas palavras, a convenção é começar a primeira palavra com uma letra minúscula e iniciar as demais palavras com letras maiúsculas.

Vamos usar isso no sketch Blink (pisca-pisca) como segue:

```
// sketch 3-02
int ledPin = 13;
int delayPeriod = 500;

void setup()
{
  pinMode(ledPin, OUTPUT);
}

void loop()
{
  digitalWrite(ledPin, HIGH);
  delay(delayPeriod);
  digitalWrite(ledPin, LOW);
  delay(delayPeriod);
}
```

Nós também usamos uma outra variável de nome **delayPeriod** (período ou duração do retardo).

Em todos os locais do sketch onde antes você fazia referência a 13, agora você faz referência a **ledPin** e, em todos os locais onde antes você fazia referência a 500, agora você faz referência a **delayPeriod**.

Se você desejar que o sketch pisque mais rapidamente, você pode simplesmente mudar o valor de **delayPeriod** em um único lugar. Tente mudar o valor para 100 e execute o sketch novamente na sua placa de Arduino.

Há outras coisas engenhosas que você pode fazer com as variáveis. Vamos modificar o seu sketch de modo que o LED comece piscando muito rapidamente e gradualmente vá se tornando mais e mais lento, como se o Arduino estivesse ficando cansado. Para fazer isso, tudo o que você precisa fazer é somar alguma coisa à variável **delayPeriod** toda vez que o LED dá uma piscada.

Modifique o sketch acrescentando uma linha no final do **loop**, como aparece na listagem abaixo. Em seguida, execute o sketch observando como o LED começa piscando rapidamente e torna-se mais lento aos poucos. Para interromper a execução e recomeçar, basta apertar a chave Reset (ver Figura 1.1).

```
// sketch 3-03
int ledPin = 13;
int delayPeriod = 100;

void setup()
{
  pinMode(ledPin, OUTPUT);
}

void loop()
{
  digitalWrite(ledPin, HIGH);
  delay(delayPeriod);
  digitalWrite(ledPin, LOW);
  delay(delayPeriod);
  delayPeriod = delayPeriod + 100;
}
```

Agora o seu Arduino está fazendo aritmética. Quando a função **loop** é chamada, ela fica repetindo o pisca-pisca normal do LED somando em seguida 100 à variável **delayPeriod**. Em breve, voltaremos a fazer mais aritmética. Contudo, primeiro você precisa de algo melhor do que simplesmente um LED piscando para ver o que o Arduino pode fazer.

>> Experimentos em C

Você precisa de um meio que permita testar os seus experimentos em C. Uma forma é colocar dentro da função **setup** o trecho em C que você quer testar. A seguir, você executa o sketch no Arduino e então faz o Arduino mostrar o resultado por meio de algo denominado "Monitor Serial," como está mostrado nas Figuras 3-5 e 3-6.

O Monitor Serial faz parte do IDE do Arduino. Para acessá-lo na barra de ferramentas, você deve clicar no ícone que está mais à direita (ele se parece com uma lupa). A sua finalidade consiste em atuar como canal de comunicação entre o computador e o Arduino. Você escreve primeiro uma mensagem na área de entrada de texto que está localizada na parte superior do Monitor Serial e, quando você apertar em Return ou clicar em Send (enviar), a sua mensagem será transferida para o Arduino. Por outro lado, quando o Arduino tem algo a dizer, a mensagem enviada por ele aparece no Monitor Serial. Em ambos os casos, as informações são transmitidas através da porta USB.

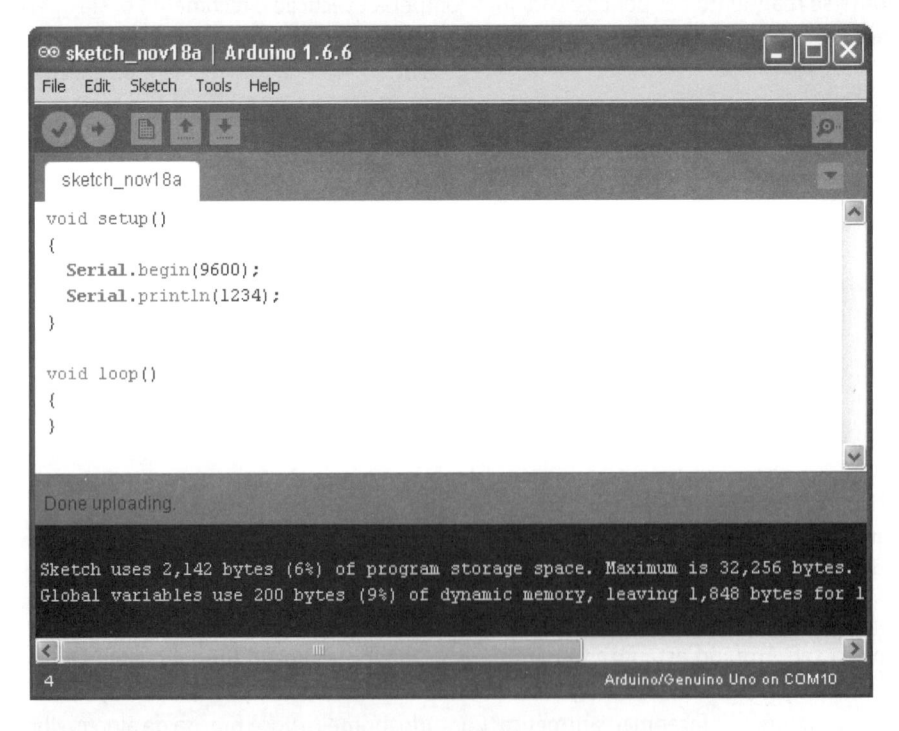

Figura 3.5 >> Escrevendo em C no setup.

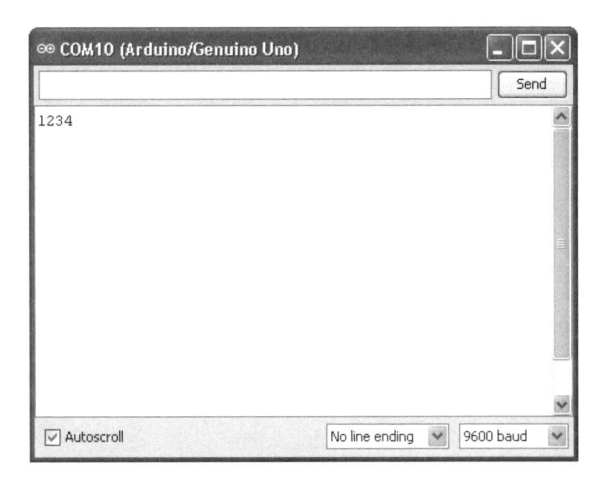

Figura 3.6 >> O Monitor Serial.

Como seria de esperar, há uma função interna predefinida que pode ser usada em seus sketches para enviar uma mensagem ao Monitor Serial. Essa função é denominada **Serial.println** (imprimir serial). Ela necessita de um único argumento, que é a informação que você deseja enviar. Essa informação costuma ser uma variável.

Você usará esse mecanismo para testar resultados que pode obter com as variáveis e a aritmética em C. Francamente, esse é o único modo de ver resultados em seus experimentos em C.

>> Variáveis numéricas e aritméticas

A última coisa que você fez no sketch anterior foi acrescentar a linha seguinte para que o intervalo de pisca-pisca aumentasse gradativamente:

```
delayPeriod = delayPeriod + 100;
```

Examinando mais de perto essa linha, vemos que consiste em um nome de variável, seguido de um sinal de igual e então uma expressão, (**delayPeriod + 100**), como é denominada. O sinal de igual faz o que é conhecido como atribuição. Isto é, ele atribui um novo valor a uma variável e o valor atribuído é determinado pelo que vem após o sinal de igual e antes do ponto e vírgula. Neste caso, o novo valor a ser dado à variável **delayPeriod** é o valor anterior de **delayPeriod** mais 100.

Para ver o que o Arduino consegue fazer agora, vamos testar esse novo mecanismo. Para isso, vamos usar o sketch seguinte, executando-o e abrindo o Monitor Serial:

```
// sketch 3-04
void setup()
{
  Serial.begin(9600);
  int a = 2;
  int b = 2;
  int c = a + b;
  Serial.println(c);
}
void loop()
{ }
```

A Figura 3.7 mostra o que veremos no Monitor Serial depois da execução desse código.

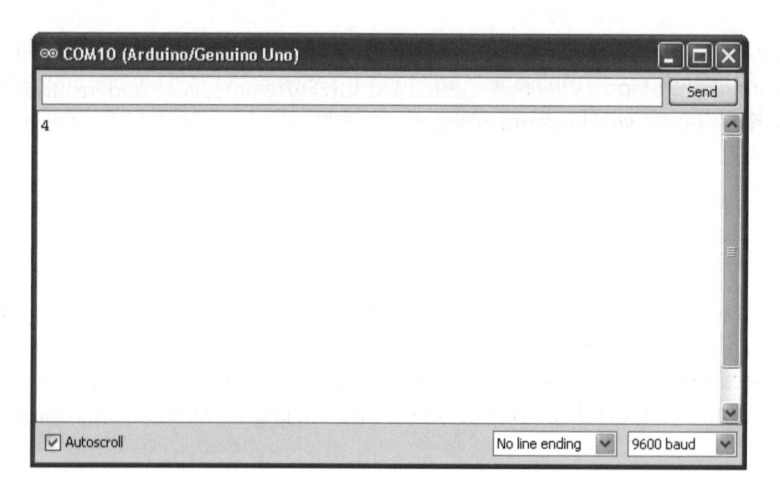

Figura 3.7 >> Aritmética simples.

Agora vamos examinar um exemplo mais complexo. A fórmula para converter uma temperatura em graus na escala Celsius para graus na escala Fahrenheit consiste em multiplicar por 9, dividir por 5 e então somar 32. Você pode escrever isso em um sketch como segue:

```
// sketch 3-05
void setup()
{
  Serial.begin(9600);
  int degC = 20;
  int degF;
```

```
  degF = degC * 9 / 5 + 32;
  Serial.println(degF);
}
void loop()
{}
```

Aqui há algumas coisas que devem ser observadas. Primeiro, veja a linha seguinte:

```
int degC = 20;
```

Quando nós escrevemos essa linha, estamos na realidade fazendo duas coisas: estamos declarando uma variável **int** de nome **degC** (grau na escala Celsius) e estamos dizendo que o seu valor inicial é 20. Uma outra forma seria separando essas duas coisas e escrevendo o seguinte:

```
int degC;
degC = 20;
```

Qualquer variável deve ser declarada somente uma vez. Basicamente estamos dizendo ao compilador qual é o tipo da variável–neste caso, **int**. Entretanto, você poderá atribuir valores a uma variável tantas vezes quanto desejar:

```
int degC;
degC = 20;
degC = 30;
```

Assim, no exemplo da conversão da escala Celsius para Fahrenheit, você está definindo a variável **degC** e dando-lhe um valor inicial de 20, mas quando você define a variável **degF** (grau na escala Fahrenheit) ela não tem valor inicial. O seu valor é atribuído na linha seguinte, de acordo com a fórmula de conversão. Após, ela é enviada ao Monitor Serial para que você possa vê-la.

Examinando a expressão, você pode ver que o asterisco (*) é usado na multiplicação e a barra (/) na divisão. Os operadores aritméticos +, –, * e / têm uma ordem de precedência – isto é, começamos com as multiplicações, a seguir fazemos as divisões e finalmente, as somas e subtrações. Isso está de acordo com o que se costuma fazer em aritmética. Entretanto, algumas vezes o uso de parênteses nas expressões torna as operações mais claras. Assim, por exemplo, você poderia escrever o seguinte:

```
degF = ((degC * 9) / 5) + 32;
```

As expressões que você escreve poderão ser tão longas e complexas quanto necessário e, além dos operadores aritméticos usuais, há outros operadores menos usados e uma grande coleção de diversas funções matemáticas à disposição. Mais adiante, você irá conhecê-las.

>> Comandos

A linguagem C tem diversos comandos internos predefinidos. Nesta seção, você irá explorar alguns deles e ver como podem ser usados em seus sketches.

>> if

Em nossos sketches até agora, assumimos que as linhas de programação devem ser executadas ordenadamente uma depois da outra, sem exceções. Mas, o que fazer se você desejar que seja de outro modo? Como fazer para executar somente uma parte do sketch se uma dada condição for verdadeira?

Vamos voltar ao exemplo do LED pisca-pisca que gradativamente vai ficando mais lento. Atualmente, do modo que está, cada ciclo de pisca-pisca vai se tornando mais e mais longo até que dure diversas horas. Vamos ver como mudá-lo para que, quando tiver chegado a um certo valor, volte à velocidade inicial rápida.

Para isso, você deve usar o comando **if** (se). O sketch modificado é o seguinte. Teste-o.

```
// sketch 3-06
int ledPin = 13;
int delayPeriod = 100;

void setup()
{
  pinMode(ledPin, OUTPUT);
}

void loop()
{
  digitalWrite(ledPin, HIGH);
  delay(delayPeriod);
  digitalWrite(ledPin, LOW);
  delay(delayPeriod);
  delayPeriod = delayPeriod + 100;
  if (delayPeriod > 3000)
  {
    delayPeriod = 100;
  }
}
```

O comando **if** é parecido com uma definição de função, mas essa semelhança é apenas superficial. A palavra dentro dos parênteses não é um argumento. É o que se denomina *uma condição*. No caso, a condição é que a variável **delayPeriod** (período do retardo) tenha um valor maior que 3.000. Se isso for verdadeiro, então os comandos dentro das chaves serão executados. Neste caso, o código fará o valor de **delayPeriod** voltar a 100.

Se a condição não for verdadeira, então o Arduino simplesmente irá adiante para o próximo comando. No caso, nada há após o "if", de modo que o Arduino executará novamente a função **loop**.

A execução mental da sequência de eventos ajudará você a compreender o que está acontecendo. Assim, o que ocorre é o seguinte:

1. O Arduino executa o comando **setup** e faz o pino do LED ser uma saída.
2. O Arduino começa a executar o **loop**.
3. O LED acende.
4. Ocorre um retardo.
5. O LED apaga.
6. Ocorre um retardo.
7. O valor 100 é somado a **delayPeriod.**
8. Se o período do retardo for maior que 3.000, o Arduino torna-o novamente igual a 100.
9. Volta ao passo 2.

Nós usamos o símbolo >, que significa maior do que. Esse é um exemplo dos assim denominados operadores de comparação. A tabela a seguir apresenta um resumo desses operadores:

Operador	Significado	Exemplos	Resultado
<	Menor do que	9 < 10 10 < 10	verdadeiro falso
>	Maior do que	10 > 10 10 > 9	falso verdadeiro
<=	Menor do que ou igual a	9 <= 10 10 <= 10	verdadeiro verdadeiro
>=	Maior do que ou igual a	10 >= 10 10 >= 9	verdadeiro verdadeiro
==	Igual a	9 == 9	verdadeiro
!=	Não igual a, diferente de	9 != 9	falso

Para comparar dois números, você usa o comando ==. Esse sinal duplo de igual é facilmente confundido com o caractere =, que é usado para atribuir valores às variáveis.

Há uma outra forma de **if** que permite fazer uma coisa quando uma condição é verdadeira e uma outra quando é falsa. Veremos isso na prática, em alguns exemplos mais adiante neste livro.

>> for

Frequentemente, além de executar comandos diferentes em circunstâncias diferentes, é possível que você deseje repetir a execução de uma série de comandos um determinado número de vezes. Você já viu um modo de fazer isso usando a função **loop**. Depois da execução de todos os comandos que estão dentro do **loop**, eles voltam a ser executados repetidamente. Entretanto, algumas vezes você necessitará realizar essas repetições de forma controlada.

Assim, por exemplo, vamos supor que você deseje escrever um sketch que faz um LED piscar 20 vezes, em seguida faz uma pausa de 3 segundos e então começa tudo de novo. Você poderia fazer isso dentro da sua função **loop** simplesmente repetindo 20 vezes o mesmo bloco de código e terminando com uma pausa de 3 segundos, como mostrado a seguir:

```
// sketch 3-07
int ledPin = 13;
int delayPeriod = 100;

void setup()
{
  pinMode(ledPin, OUTPUT);
}

void loop()
{
  digitalWrite(ledPin, HIGH);
  delay(delayPeriod);
  digitalWrite(ledPin, LOW);
  delay(delayPeriod);

  digitalWrite(ledPin, HIGH);
  delay(delayPeriod);
  digitalWrite(ledPin, LOW);
  delay(delayPeriod);

  digitalWrite(ledPin, HIGH);
  delay(delayPeriod);
  digitalWrite(ledPin, LOW);
```

```
  delay(delayPeriod);

  // repita mais 17 vezes esse último bloco de 4 linhas

  delay(3000);
}
```

Como vemos, foi necessário escrever um sketch bem longo. Por outro lado, há formas melhores de fazer isso. Vamos começar usando um laço do tipo **for** e em seguida escrever um outro sketch com o mesmo fim, mas que usa um comando **if** e um contador.

Como você pode ver a seguir, o sketch usa um laço de **for** e é bem menor e mais fácil de ser modificado*.

```
// sketch 3-08
int ledPin = 13;
int delayPeriod = 100;

void setup()
{
  pinMode(ledPin, OUTPUT);
}

void loop()
{
  for (int i = 0; i < 20; i ++)
  {
    digitalWrite(ledPin, HIGH);
    delay(delayPeriod);
    digitalWrite(ledPin, LOW);
    delay(delayPeriod);
  }
  delay(3000);
}
```

O laço de **for** (para) é semelhante a uma função de três argumentos, embora aqui os argumentos estejam separados por ponto e vírgula e não por vírgulas. Essa é uma peculiaridade da linguagem C. O compilador avisará se houver algum uso incorreto.

Após o **for**, a primeira coisa dentro dos parênteses é uma declaração de variável (int i = 0). Essa variável é usada como contador e um valor inicial é atribuído–neste caso, 0.

A segunda parte é uma condição que deverá ser verdadeira para você permanecer dentro do laço de **for**. No caso aqui (i < 20), você ficará dentro do laço de **for** enquanto **i** for menor que 20. Logo que **i** for igual ou maior que 20, o programa encerrará o que estiver fazendo e sairá para fora do laço de **for**.

---

*N. de T.: Desconsiderando as linhas em branco e os comentários, o Sketch 3-08 tem 18 linhas e o Sketch 3-07 tem cerca de 90 linhas. Portanto, o Sketch 3-08 é cinco vezes menor.

A terceira parte indica o que deve ser feito a cada vez que termina uma repetição da execução dos comandos que estão dentro do **for**. Neste caso (i ++), o **i** deverá ser incrementado de 1. Portanto, a cada final de laço de execução, o **i** é incrementado e, após 20 repetições, o **i** deixará de ser menor que 20, obrigando o programa a sair de dentro do **for**.

Experimente executar esse código. A única maneira de se familiarizar com a sintaxe e com todos os detalhes de pontuação é escrevendo o código e deixando o compilador mostrar o que está errado. Com a prática, todas essas coisas começarão a fazer sentido.

Uma desvantagem potencial da abordagem adotada no sketch anterior é que a função **loop** pode gastar muito tempo em cada repetição do seu laço.* No nosso caso aqui, isso não chega a ser um problema porque tudo que o sketch faz é comandar o pisca-pisca do LED. No entanto, frequentemente em um sketch, a função **loop** também fará outras coisas, como verificar quais botões foram apertados ou se alguma comunicação serial foi recebida. Se o processador estiver executando um laço de **loop** e ficar muito tempo ocupado dentro de um laço de **for**, então ele não poderá fazer essas verificações de forma eficiente. Geralmente, é uma boa ideia fazer a duração de cada repetição da função **loop** ser a mais curta possível, ou seja, tão rapidamente que a função **loop** é executada o maior número possível de vezes.

O sketch seguinte mostra como se consegue isso:

```
// sketch 3-09
int ledPin = 13;
int delayPeriod = 100;
int count = 0;
void setup()
{
  pinMode(ledPin, OUTPUT);
}

void loop()
{
  digitalWrite(ledPin, HIGH);
  delay(delayPeriod);
  digitalWrite(ledPin, LOW);
  delay(delayPeriod);
  count ++;
  if (count == 20)
  {
    count = 0;
    delay(3000);
  }
}
```

---

*N. de T.: É importante ter bem claro, como podemos ver no sketch, que o laço de **for** está dentro do laço de **loop**. Isto é, laço dentro de laço!

Você deve ter observado a seguinte linha:

```
count ++;
```

Essa é simplesmente uma forma abreviada em C para realizar incremento:

```
count = count + 1;     //count sofre um incremento unitário
```

Agora, a cada vez que o laço de **loop** é executado, são necessários cerca de 200 milissegundos, a não ser na vigésima vez, quando será necessário esse mesmo tempo mais os três segundos de retardo (**delay(3000)**) que ocorre a cada série de 20 ciclos de pisca-pisca do LED. Em algumas aplicações, mesmo isso que fizemos ainda é muito lento. Os puristas diriam que você não deveria usar nem mesmo o **delay**. A melhor solução dependerá da aplicação.

» while

Uma outra maneira em C de fazer um laço de repetição é usando o comando **while** (enquanto) no lugar do comando **for**. Você poderá conseguir a mesma coisa que fizemos antes, como no caso do **for**, usando um comando **while** como se vê no seguinte trecho de código:

```
int i = 0;
while (i < 20)
{
  digitalwrite (ledPin, HIGH);
  delay(delayPeriod);
  digitalwrite (ledPin, LOW);
  delay(delayPeriod);
  i ++;
}
```

A expressão entre parênteses após o comando **while** deve ser verdadeira para que a execução permaneça dentro do laço de **while**. Quando não for mais verdadeira, então o sketch passará a executar os comandos que deverão estar após o sinal de "fecha chave" (}) da última linha.

» Constantes

Para valores constantes, como os números de pinos de entrada e saída que não mudam durante a execução de um sketch, usaremos a palavra-chave **const** para avisar o compilador de que a variável terá um valor constante e não sofrerá modificações.

Como exemplo, uma atribuição de pino de LED poderia ser definida como segue:

```
const int ledPin = 13;
```

Ainda que você deixe de colocar a palavra **const** na frente, qualquer programa que escrever funcionará bem. No entanto, se você incluir a palavra **const**, o programa terá um tamanho ligeiramente menor, algo que pode ser interessante quando seus sketches começam a ter um porte maior. De qualquer forma, essa é uma boa prática com variáveis cujos valores não irão se alterar.

>> Conclusão

Esse capítulo permitiu que você desse os primeiros passos em C. Você pode fazer os LEDs piscarem de diversas formas interessantes e fazer o Arduino enviar resultados através da porta USB usando a função **Serial.println**. Você viu como usar os comandos **if** e **for** para controlar a ordem de execução de seus comandos e aprendeu também como o Arduino faz aritmética.

No próximo capítulo, você examinará mais de perto as funções. O capítulo também apresentará outros tipos de variáveis além do tipo **int** que você usou neste capítulo.

CAPÍTULO 4

Funções

>> Este capítulo dedica-se principalmente aos tipos de função que você mesmo pode escrever. Estas funções são diferentes das funções internas, tais como **digitalwrite** e **delay**, que já foram predefinidas para você.

A razão pela qual você precisa saber como escrever as suas próprias funções é que, quando os sketches começam a se tornar complicados, as funções **setup** e **loop** crescem até se tornarem longas e complexas, ficando difícil de entender a maneira como funcionam.

O maior problema no desenvolvimento de software de qualquer tipo é saber lidar com a complexidade. Os melhores programadores escrevem software que é fácil de ser lido e compreendido, requerendo pouca explicação.

As funções são uma ferramenta chave para criar sketches de fácil compreensão. Elas podem ser modificadas sem dificuldade e sem risco de a coisa toda se transformar em uma grande confusão.

OBJETIVOS DE APRENDIZAGEM

>> Entender o que é uma função.
>> Aprender como passar parâmetros a funções.
>> Conhecer os tipos de variáveis.
>> Mostrar formas de estruturar o código.

» O que é uma função?

Uma função é um pouco parecida com um programa dentro de outro programa. Você pode usá-la para "empacotar" as coisas que deseja realizar. Uma função definida por você pode ser chamada a partir de qualquer lugar do seu sketch e ela contém variáveis próprias e uma lista própria de comandos. Quando a execução de todos os comandos da função termina, a execução do sketch prossegue no ponto imediatamente após a linha de onde a função foi chamada.

O código que faz um diodo emissor de luz (LED) piscar é um ótimo exemplo de um código que pode ser transformado em função. Assim, vamos modificar o nosso sketch básico que "faz o LED piscar 20 vezes" de tal modo para que possamos usá-lo como uma função de nome **flash** (piscar) criada por nós.

```
// sketch 4-01
const int ledPin = 13;
const int delayPeriod = 250;

void setup()
{
  pinMode(ledPin, OUTPUT);
}

void loop()
{
  for (int i = 0; i < 20; i ++)
  {
    flash();
  }
  delay(3000);
}

void flash()
{
  digitalWrite(ledPin, HIGH);
  delay(delayPeriod);
  digitalWrite(ledPin, LOW);
  delay(delayPeriod);
}
```

Assim, tudo o que fizemos aqui foi retirar de dentro do laço de **for** as quatro linhas de código que fazem o LED piscar e colocá-las dentro de uma função de nome **flash** (piscar). Agora você poderá fazer o LED piscar a qualquer momento que desejar. Bastará escrever **flash()** para que a nova função seja chamada. Observe os parênteses vazios após o nome da função. Isso indica que a função não necessita de parâmetros. O valor do retardo que ela usa é fixado pela mesma função **delayPeriod** que você usou antes.

» Parâmetros

Quando você divide o seu sketch em funções, vale a pena pensar sobre o que poderia ser feito por uma função. No caso de **flash**, isso é bem óbvio. Mas, desta vez, vamos dar parâmetros a essa função, dizendo o número de vezes (numFlashes) que o LED deve piscar e qual deve ser a duração (d) de cada ciclo de pisca-pisca. Examine o código seguinte. Logo após, explicarei o funcionamento dos parâmetros com um pouco mais de detalhes.

```
// sketch 04-02
const int ledPin = 13;
const int delayPeriod = 250;

void setup()
{
  pinMode(ledPin, OUTPUT);
}

void loop()
{
  flash(20, delayPeriod);
  delay(3000);
}

void flash(int numFlashes, int d)
{
  for (int i = 0; i < numFlashes; i ++)
  {
    digitalWrite(ledPin, HIGH);
    delay(d);
    digitalWrite(ledPin, LOW);
    delay(d);
  }
}
```

Examinado a nossa função **loop**, vemos que ela tem apenas duas linhas. O grosso do trabalho foi movido para dentro da função **flash**. Observe que, ao chamar a função **flash**, devemos fornecer dois argumentos dentro dos parênteses.

Na parte inferior do sketch, no local onde a função é definida, nós temos que declarar os tipos das variáveis dentro dos parênteses. Nesse caso, ambas são do tipo **int**. Na realidade, o que estamos fazendo é definir novas variáveis. Entretanto, essas variáveis (**numFlashes** e **d**) podem ser usadas somente dentro da função **flash**.

Essa é uma boa função porque ela contém tudo que é necessário para fazer um LED piscar. A única informação necessária, obtida fora da função, é o pino de conexão do LED. Se quisesse, isso também poderia ser transformado em um parâmetro – algo que valeria a pena fazer se você tivesse mais de um LED ligado ao Arduino.

>> Variáveis globais, locais e estáticas

Como mencionado antes, os parâmetros de uma função podem ser usados apenas dentro dela. Assim, se você escrever o código seguinte, você terá um erro:

```
void indicate(int x)
{
  flash(x, 10);
}
x = 15;
```

Por outro lado, suponha que você escreva o seguinte:

```
int x = 5;
void indicate(int x)
{
  flash(x, 10);
}
x =
```

Esse código gera erro de compilação. Entretanto, é preciso muito cuidado porque agora você tem variáveis com o mesmo nome **x**, mas que podem ter valores diferentes. Aquela que você criou na primeira linha é uma *variável global*. É denominada *global* porque pode ser usada em qualquer lugar que você desejar no programa, mesmo dentro das funções.

Entretanto, como o mesmo nome de variável **x** também está sendo usado como parâmetro dentro da função, você não poderá usar a variável global **x**. Isso porque quando você se referir à variável **x** de dentro da função, a prioridade será para essa versão "local" de **x**. Diz-se que o parâmetro **x** é uma sombra da variável global de mesmo nome. Isso pode levar a uma confusão quando você tenta depurar (debugar) um programa, ou seja, verificar se o programa está funcionando corretamente.

Além da definição de parâmetros, você também pode definir variáveis que não são parâmetros e que são para uso somente dentro da função. Essas são as chamadas *variáveis locais*. Por exemplo,

```
void indicate(int x)
{
  int timesToFlash = x * 2;
  flash(timesToFlash, 10);
}
```

A variável local **timesToFlash** (vezes que deve piscar) existirá apenas enquanto a função estiver sendo executada. Depois da função executar o seu último comando, a variável desaparecerá. Isso significa que as variáveis locais não podem ser acessadas de nenhum outro lugar do programa, a não ser de dentro da função na qual foram definidas.

Assim, por exemplo, o código seguinte causará um erro:

```
void indicate(int x)
{
  int timesToFlash = x * 2;
  flash(timesToFlash, 10);
}
timesToFlash = 15);
```

Os programadores experientes geralmente tratam as variáveis globais com desconfiança. A razão é que elas vão contra o princípio do encapsulamento. A ideia do *encapsulamento* é que você deve criar um pacote, embrulhando em um único volume tudo o que tem a ver com alguma coisa em particular. Sendo assim, as funções se prestam muito bem para o encapsulamento. O problema com as "globais" (como também são frequentemente denominadas) é que geralmente são definidas no início de um sketch, podendo então serem usadas em todo sketch. Algumas vezes, é perfeitamente legítimo proceder assim. Outras vezes, as pessoas fazem isso por preguiça, quando na verdade seria muito mais apropriado usar argumentos para passar parâmetros. Do que já vimos até agora, **ledPin** é um bom exemplo de variável global. Também é muito conveniente colocar uma variável global no início do sketch, permitindo que seja localizada facilmente. Isso facilita o trabalho de modificá-la.

Outra característica de uma variável local é que seu valor é sempre inicializado quando a função é chamada. Em nenhum lugar isso é mais verdadeiro (e frequentemente mais inconveniente) do que na função **loop** de um sketch de Arduino. Vamos tentar usar uma variável local em vez de uma global em um dos exemplos do capítulo anterior:

```
// sketch 4-03
const int ledPin = 13;
const int delayPeriod = 250;
void setup()
{
  pinMode(ledPin, OUTPUT);
}

void loop()
{
  int count = 0;
  digitalWrite(ledPin, HIGH);
  delay(delayPeriod);
  digitalWrite(ledPin, LOW);
  delay(delayPeriod);
  count ++;
  if (count == 20)
  {
    count = 0;
    delay(3000);
  }
}
```

Com base no sketch 3-09, o sketch 4-03 usa uma variável local, em vez de global, para contar o número de vezes que o LED pisca.

Esse sketch contém falhas. Ele não funciona porque toda vez que a função **loop** é executada, a variável de contagem **count** é zerada, de modo que **count** nunca alcança 20 e o LED permanece piscando para sempre. A razão para termos feito de **count** uma variável global desde o início foi para evitar que seu valor fosse zerado. No entanto, o único local em que usamos **count** é dentro da função **loop**. Portanto, esse é o lugar onde ela deveria estar.

Felizmente, há um mecanismo em C que permite contornar essa dificuldade. É a palavra-chave **static** (estática). Em uma função, quando você usa a palavra-chave **static** na frente de uma declaração de variável, ela tem o efeito de inicializar a variável apenas na primeira vez em que a função é executada. Perfeito! Isso é exatamente o que precisamos nesta situação. Poderemos manter a nossa variável na função em que é usada, sem que seja zerada toda vez que a função é executada. O sketch 4-04 mostra isso funcionando:

```c
// sketch 4-04
const int ledPin = 13;
const int delayPeriod = 250;
void setup()
{
  pinMode(ledPin, OUTPUT);
}

void loop()
{
  static int count = 0;
  digitalWrite(ledPin, HIGH);
  delay(delayPeriod);
  digitalWrite(ledPin, LOW);
  delay(delayPeriod);
  count ++;
  if (count == 20)
  {
    count = 0;
    delay(3000);
  }
}
```

>> Retornando valores

A ciência da computação, como disciplina acadêmica, tem como antecedentes a matemática e a engenharia. Essa herança aplica-se a muitos dos termos associados com programação. A própria palavra *função* é um termo matemático. Na matemática, a entrada de uma função (o argumento) determina completamente a saída. Nós havíamos escrito funções que recebiam uma entrada, mas nenhuma que nos devolvesse ou retornasse algum valor. Todas as nossas funções eram "void" (vazias, no sentido de que não devolviam nada). Contudo, quando uma função retornar um valor, você deverá especificar de que tipo será esse valor de retorno.

Vamos examinar como se escreve uma função que recebe a temperatura em graus na escala Celsius e retorna o equivalente em graus na escala Farenheit:

```
int centToFaren(int c)
{
  int f = c * 9 / 5 + 32;
  return f;
}
```

A definição da função começa com **int** em vez de **void** para indicar que a função irá retornar um valor **int** sempre que for chamada. Isso poderia ser usado em um código curto como o seguinte, que usa essa função `centToFaren` para retornar em graus na escala Farenheit o valor correspondente a uma temperatura agradável (pleasantTemp) de 20 graus na escala Celsius:

```
int pleasantTemp = centToFaren(20)
```

Qualquer função não "void" deve conter um comando de **return** (retornar). Se você não incluí-lo, o compilador dará aviso de erro indicando sua ausência. Na mesma função, pode haver mais de um **return**. Isso ocorre quando há um comando **if** com diversas ações alternativas, que são executadas ou não dependendo de alguma condição. Alguns programadores não vêem isso com bons olhos, mas se suas funções forem pequenas (como todas as funções deveriam ser), essa prática não será um problema.

O valor após o **return** pode ser uma expressão, não se limitando a ser somente um nome de variável. Assim, você pode compactar o exemplo anterior obtendo:

```
int centToFaren(int c)
{
 return (f = c * 9 / 5 + 32);
}
```

Se a expressão, cujo valor será calculado e retornado, contiver mais termos do que simplesmente uma variável, então a expressão deverá estar entre parênteses, como no exemplo anterior.

>> Outros tipos de variáveis

Até agora, todos os nossos exemplos de variáveis têm sido variáveis **int**. De longe, esse é o tipo de variável mais comum, mas também há outros tipos importantes que devem ser conhecidos.

» float

O uso do tipo **float** (flutuante) é relevante para o exemplo anterior de conversão de temperatura. Esse tipo de variável representa números de ponto flutuante – isto é, números que podem ter um ponto decimal,* tal como 1.23. Esse tipo de variável é necessário quando os números inteiros não são suficientemente precisos.

Observe a fórmula seguinte:

```
f = c * 9 / 5 + 32
```

Se você der o valor 17 a **c**, então **f** será 17 * 9 / 5 + 32 ou 62.6. Mas, se **f** for **int**, o valor será truncado, transformando-se no valor inteiro 62.

O problema torna-se ainda pior se não tomarmos cuidado com a ordem de execução dos cálculos. Por exemplo, suponha que fizéssemos primeiro a divisão obtendo:

```
f = (c / 5) * 9 + 32
```

Em termos matemáticos normais, o resultado ainda seria 62.6, mas se todos os números forem do tipo **int**, então os cálculos serão feitos como segue:

1. O 17 atribuído a **c** é dividido por 5, resultando 3.4, que depois de truncado torna-se 3.
2. Então, o 3 é multiplicado por 9 e, em seguida, o 32 é somado dando um resultado de 59 – que é um valor bem diferente do 62.6.

Em circunstâncias como essa, podemos usar variáveis do tipo **float**. No exemplo seguinte, vamos escrever novamente a função de conversão de temperatura com o uso de variáveis do tipo **float** ao invés de **int**.

```
float centToFaren(float c)
{
 int f = c * 9.0 / 5.0 + 32.0;
 return f;
}
```

Observe que acrescentamos .0 às nossas constantes. Isso assegura que o compilador irá tratá-las como variáveis do tipo **float** ao invés de **int**.

---

*N. de T.: É importante ter em conta que, quando escrevemos sketches para o Arduino, nós estamos em um ambiente de linguagem C em que se usa o ponto e não a vírgula na representação de números fracionários decimais. Assim, por exemplo, em C o número 1,23 é representado como 1.23. Os nossos raciocínios estão sendo desenvolvidos em termos da linguagem C. Portanto, usaremos o ponto e não a vírgula nesses casos.

>> boolean

Uma variável booleana é uma variável lógica. Elas têm um valor que é ou verdadeiro ou falso.

Na linguagem C, o nome *boolean* (booleano) é escrito com um *b* minúsculo. O nome *boolean* vem do nome do matemático George Boole, criador da lógica booleana, que é crucial para a ciência da computação.

Talvez você não tenha se dado conta, mas antes você já havia encontrado valores booleanos quando estávamos examinando o comando **if**. Uma condição em um comando **if**, como **(count==20)**, é na realidade uma expressão que fornece um resultado do tipo **boolean** (booleano). O operador == é denominado operador de comparação. Enquanto + é um operador aritmético que soma dois números, o == é um operador de comparação que compara dois números e retorna um valor lógico que é ou verdadeiro ou falso.

Você pode definir variáveis booleanas e usá-las como veremos a seguir:

```
boolean tooBig = (x > 10);   // tooBig (grandeDemais) será verdadeira
                             // se x for maior que 10.
if (tooBig)                  // Se toobig for verdadeira, o comando
{                            // x = 5 será executado.
  x = 5;
}
```

Os valores booleanos podem ser manipulados usando os operadores booleanos. Assim, do mesmo modo que você faz cálculos aritméticos usando os números, você também pode realizar operações lógicas usando os valores booleanos. Os operadores booleanos mais comuns são **and** (e), escrito como **&&**, e **or** (ou), escrito como ||.

A Figura 4.1 mostra as tabelas-verdade para os operadores **and** e **or**.

Examinando as tabelas-verdade da Figura 4.1, você pode ver que no caso do operador **and** (e) temos que, quando as variáveis A e B são ambas verdadeiras, então o resultado é verdadeiro. Em caso contrário, o resultado é falso.

Por outro lado, para o operador **or** (ou), quando ou A ou B ou ambas A e B são verdadeiras, então o resultado é verdadeiro. O resultado é falso somente quando nem A nem B são verdadeiras.

Além de **and** e **or**, há o operador **not** (não), escrito como **!**. Esse operador inverte o valor lógico passando de verdadeiro para falso ou vice-versa. Você não se surpreenderá ao aprender que "não verdadeiro" é falso e "não falso" é verdadeiro.

Você pode combinar esses operadores formando expressões booleanas e usá-las em comandos **if**, como no seguinte exemplo:

```
if ((x > 10) && (x < 50))    // A expressão entre parênteses
                             // será verdadeira se x for maior
                             // que 10 e menor que 50
```

	AND (e)	
	____A____	
	falso	verdadeiro
B falso	falso	falso
verdadeiro	falso	verdadeiro

	OR (ou)	
	____A____	
	falso	verdadeiro
B falso	falso	verdadeiro
verdadeiro	verdadeiro	verdadeiro

Figura 4.1 >> Tabelas-verdade.

>> Outros tipos de dados

Como você viu, os tipos de dados **int** e ocasionalmente **float** são bem adequados à maioria das situações. Entretanto, outros tipos numéricos podem ser úteis em algumas circunstâncias particulares. Em um sketch de Arduino, o tipo **int** usa 16 bits (dígitos binários). Isso permite a representação de números inteiros entre –32768 e 32767.

A Tabela 4.1 resume outros tipos de dados disponíveis. Ela está mostrada para referência. Você usará alguns desses tipos à medida que avançar no livro.

Algo que se deve levar em consideração é que, se o valor de uma variável estiver fora do intervalo de representação do seu tipo, então coisas estranhas poderão acontecer. Assim, se o valor de uma variável do tipo **byte** for 255 e você somar 1, você obterá 0 e, mais estranho ainda, se o valor de uma variável do tipo **int** for 32767 e você somar 1, você obterá -32768.

Até que você se sinta completamente confortável com todos os diferentes tipos de dados, eu recomendo que você fique com o tipo **int**, porque funciona bem para muitas coisas.

>> Estilo de codificação

Na realidade, o compilador C não se importa com a forma de apresentação final do seu código quando você organiza a disposição das linhas. Para o compilador, você pode escrever tudo em uma única linha, usando pontos e vírgulas para separar os comandos. Entretanto, um código bem organizado, claro e limpo, é muito mais fácil de ser entendido e mantido do que um código pobremente apresentado. Nesse sentido, a leitura de um código é como a leitura de um livro: a sua formatação é importante.

Até certo ponto, a formatação é uma questão de gosto pessoal. Ninguém gosta de pensar que tem mau gosto, de modo que qualquer discussão sobre a formatação de um programa torna-se um assunto pessoal. Há programadores que, quando solicitados a fazer alguma coisa com o

Tabela 4.1 >> **Tipos de dados em C**

Tipo	Memória (bytes)	Intervalo	Observações
boolean	1	verdadeiro ou falso (0 ou 1)	
char	1	−128 até +127	Usado para representar um código de caractere ASCII (American Standard Code for Information Interchange)*. Por exemplo, nesse código a letra A é representada pelo valor 65. Normalmente, valores negativos não são usados.
byte	1	0 até 255	Frequentemente usado na comunicação serial de dados. Veja o Capítulo 9.
int	2	−32768 até +32767	
unsigned int	2	0 até 65535	Pode ser usado para precisão extra, quando não há necessidade de números negativos. Use com cautela, porque a aritmética que usa o tipo **int** pode produzir resultados inesperados.
long	4	−2,147,483,648 até 2,147,483,647	Necessário apenas para representar números muito grandes.
unsigned long	4	0 até 4,294,967,295	Veja **unsigned int**.
float	4	−3.4028235E+38 até + 3.4028235E+38	
double	4	O mesmo que **float**	Normalmente, seriam 8 bytes tendo uma precisão mais elevada que **float** e um intervalo de representação maior. No Arduino, entretanto, é o mesmo que **float**.

código de outra pessoa, começam fazendo uma nova formatação de todo o código de acordo com o seu próprio estilo de apresentação.

Como forma de responder a essa questão, frequentemente são publicadas normas de codificação encorajando todos a apresentarem os seus códigos da mesma forma e a adotarem essa "boa prática" quando estiverem escrevendo programas.

A linguagem C segue um padrão de apresentação que evoluiu com os anos. Em termos gerais, seremos fieis a esse padrão neste livro.

---

*N. de T.: ASCII (American Standard Code for Information Interchange ou Código Americano Padrão para Intercâmbio de Informação)

>> Endentação

Nos exemplos de sketches vistos anteriormente, podemos observar que frequentemente o texto com o código do programa encontra-se afastado da margem esquerda. Por exemplo, quando definimos uma função **void**, a palavra-chave **void** está junto à margem esquerda, assim como o sinal de "abre chave" na linha seguinte. Em seguida, a partir deste ponto até o sinal de "fecha chave", todo o texto está afastado ou recuado da margem esquerda. Na realidade, o tamanho da endentação não importa. Algumas pessoas usam dois espaços, outras quatro. Você também pode apertar a tecla TAB para fazer endentações. Neste livro, usaremos endentação com dois espaços.

Se você tiver um comando if dentro de uma definição de função, então as linhas que estão dentro das chaves do comando **if** serão recuadas mais dois espaços, como no exemplo seguinte

```
void loop()
{
  static int count = 0;
  count ++;
  if (count == 20)
  {
    count = 0;
    delay(3000);
  }
}
```

Você poderia incluir outro **if** dentro do primeiro **if**. Com isso, teríamos mais um nível de endentação totalizando seis espaços desde a margem esquerda.

Essas observações sobre endentação podem parecer um tanto triviais, mas, se você tiver que analisar um sketch mal formatado de outra pessoa, você verá como essa tarefa pode ser difícil e trabalhosa.

>> Abrindo chaves

Há duas escolas de pensamento que opinam sobre o local onde o sinal de "abre chave" deve ser colocado dentro de um laço **for**, um comando **if** ou uma definição de função. A primeira forma de colocar o sinal de "abre chave" é na linha imediatamente após o comando, como temos feito até agora em todos os exemplos. A segunda forma é colocá-lo na mesma linha, como vemos a seguir:

```
void loop() {            // O { colocado na mesma linha de loop
  static int count = 0;
  count ++;
  if (count == 20) {     // O { colocado na mesma linha de if
    count = 0;
    delay(3000);
  }
}
```

Esse estilo é muito usado na linguagem Java de programação, a qual tem muita coisa em comum com a sintaxe da linguagem C.

>> Espaço em branco

O compilador ignora espaços, parágrafos e novas linhas. Limita-se a usá-los como forma de separar as palavras do sketch. Assim, o exemplo seguinte, apesar de confuso, será compilado sem problemas:

```
void loop() {static int
count=0;count++;if(
count==20){count=0;
delay(3000);}}
```

Esse código funciona, mas desejamos sorte quando você for lê-lo.

Nos locais onde são feitas as atribuições, algumas pessoas escrevem o seguinte:

```
int a = 10;
```

Outras irão escrever:

```
int a=10;
```

Não é importante qual dessas duas formas você usa, mas é uma boa ideia ser consistente. Eu uso a primeira forma.

>> Comentários

Os comentários são textos incluídos em um sketch, juntamente com o código real do programa, mas que na realidade não exercem nenhuma função. O único propósito dos comentários é ajudar a lembrar por que o código foi escrito do jeito como está. Uma linha de comentário também pode ser usada para incluir um título.

O compilador irá ignorar completamente qualquer texto que tenha sido marcado como comentário. Neste livro, já incluímos títulos na forma de comentários bem no início de muitos sketches.

Há duas formas de sintaxe para os comentários:

- Comentário de múltiplas linhas começando com /* e terminando com */
- Comentário de linha única começando com // e terminando no final da linha

O exemplo seguinte ilustra ambas as formas de comentário.

```
/* Uma função loop não muito útil.
Escrita por: Simon Monk
Para ilustrar o conceito de comentário
*/
void loop() {
  static int count = 0;
  count ++;                      // este é um comentário de linha única
  if (count == 20)
  {
    count = 0;
    delay(3000);
  }
}
```

Neste livro, eu quase que exclusivamente uso o formato de linha única para fazer comentários.

Os bons comentários ajudam a explicar o que está acontecendo em um sketch ou como usá-lo. Podem ser úteis quando outras pessoas desejam usar o seu sketch, mas também serão igualmente úteis para você mesmo quando você tiver que examinar um sketch depois de algumas semanas sem usá-lo.

Em alguns cursos de programação, é dito que um programa fica melhor quando você coloca mais comentários. Os programadores muito experientes dirão que um código bem escrito requer poucos comentários porque é autoexplicativo. Você deve usar comentários nos casos seguintes:

- Para explicar qualquer coisa que você fez usando algum artifício ou que não seja óbvio.

- Para descrever qualquer coisa que o usuário deve fazer e que não faça parte do programa. Por exemplo, **//este pino deve ser conectado ao transistor que controla o relé.**

- Para deixar uma mensagem para você mesmo. Por exemplo, **//ParaFazerDepois: ponha ordem nesta parte – está uma bagunça**.

Esse último caso ilustra uma técnica útil de **ParaFazerDepois** usando comentários. Frequentemente os programadores colocam diversos comentários do tipo **ParaFazerDepois** em seu código. Isso permite que eles se lembrem de coisas que devem ser feitas depois. Sempre é possível encontrar todas as ocorrências de **//ParaFazerDepois** no seu programa. Para isso, você pode usar o recurso de busca (Find) do próprio ambiente de desenvolvimento integrado (IDE) do Arduino.

Os seguintes casos *não* são bons exemplos do uso de comentários:

- Para explicar o que é óbvio. Por exemplo, **a = a + 1; // some 1 à variável a**.

- Para explicar um código que foi mal escrito. Não faça esse tipo de comentário. Simplesmente escreva bem o código desde o início.

≫ Conclusão

Este capítulo foi um tanto teórico. Você teve que absorver alguns novos conceitos abstratos, voltados à organização de sketches na forma de funções e à adoção de um estilo de programação que irá poupar o seu tempo a longo prazo.

No próximo capítulo, você começará a aplicar o que aprendeu e a examinar maneiras melhores de estruturar seus dados além de usar strings de texto.

CAPÍTULO 5

Arrays e strings

Depois da leitura do Capítulo 4, você ficou com uma ideia razoável de como estruturar os seus sketches para facilitar a sua vida. Se há alguma coisa que um bom programador gosta, é uma boa vida. Agora, a nossa atenção estará nos dados que você usa nos sketches.

O livro *Algoritmos + Estruturas de Dados = Programas* (Prentice-Hall, 1976), de Niklaus Wirth, foi escrito há muito tempo, mas continua conseguindo captar as essências da ciência da computação e da programação em particular. Posso recomendá-lo fortemente para qualquer um que foi fisgado pela programação. Ele também capta a ideia de que, para escrever um bom programa, você precisa pensar tanto no algoritmo (o que você faz) como na estrutura dos dados que você usa.

Você viu os comandos **loop** e **if** e também aquilo que se denomina o lado "algorítmico" da programação de um Arduino. Agora, você verá como estruturar os seus dados.

OBJETIVOS DE APRENDIZAGEM

» Mostrar como estruturar dados em um sketch usando arrays e strings.
» Reforçar a importância do uso de funções para estruturar um programa.
» Mostrar a construção de um tradutor de código Morse.

Arrays

Um array é uma maneira de organizar uma lista de valores. As variáveis que você usou até agora continham apenas um único valor, usualmente um **int**. Por outro lado, um array contém uma lista de valores e você pode acessar qualquer um desses valores fornecendo a sua posição na lista.

Como na maioria das linguagens de programação, a linguagem C começa a indexação das posições em 0 e não em 1. Na realidade, isso significa que o primeiro elemento é o elemento de índice zero.

Para ilustrar o uso dos arrays, poderíamos criar um exemplo de aplicação que fica transmitindo continuamente a sequência "SOS" em código Morse, fazendo piscar o LED da placa do Arduino.

Nos séculos XIX e XX, o código Morse era um método vital de comunicação. Devido ao seu método de codificação das letras, como uma série de pontos (.) e traços (–), o código Morse pode ser transmitido através de fios telegráficos, links de rádio ou sinais luminosos. No caso luminoso, a transmissão ocorre por meio de cintilações ou flashes de luz de curta e longa duração. A sequência de letras "SOS" (frequentemente entendida como "save our souls", ou "salve nossas almas") continua sendo usada como um sinal internacional de pedido de socorro.

A letra "S" é representada por três flashes curtos de luz (pontos) e a letra "O", por três flashes longos de luz (traços). Você pode usar um array do tipo **int** para armazenar em sequência a duração de cada flash de luz que deve ser transmitido. Para isso, você pode usar um laço de **for** consultando passo a passo os itens da sequência e produzindo flashes de duração correspondente.

Primeiro, vamos ver como você criará um array de **int**s que conterá as durações (durations) dos flashes de luz em milissegundos.

```
int durations[] = {200, 200, 200, 500, 500, 500, 200, 200, 200};
```

Para dizer que uma variável contém um array você deve colocar [] após o nome da variável.

Neste caso, você cria o array e ao mesmo tempo define os valores das durações. A sintaxe para fazer isso consiste em usar chaves que contêm os valores, separados por vírgulas. Não esqueça o ponto e vírgula no final da linha.

Para acessar um dado valor do array, você deve usar a notação de colchetes. Assim, se você quiser o primeiro elemento do array, você poderá escrever o seguinte:

```
durations[0]
```

Como forma de ilustrar isso, vamos criar um array e em seguida exibir todos os seus valores no Monitor Serial:

```
// sketch 5-01

// A seguir, temos o array durations[] de 9 elementos onde
// o primeiro elemento é durations[0] e o último elemento é
// durations[8]

int durations[] = {200, 200, 200, 500, 500, 500, 200, 200, 200};

void setup()
{
  Serial.begin(9600);
  for (int i = 0; i < 9; i++)     //Serão acessados os elementos
                                  //durations[0] a durations[8]
  {
    Serial.println(durations[i]);
  }
}

void loop() {}
```

Observe que, dentro de um sketch, você pode usar a palavra-chave **const** para variáveis comuns e também para arrays, desde que você não modifique o array.

Carregue (upload) o sketch para a placa e então abra o Monitor Serial. Se tudo estiver correto, você verá algo como a Figura 5.1.

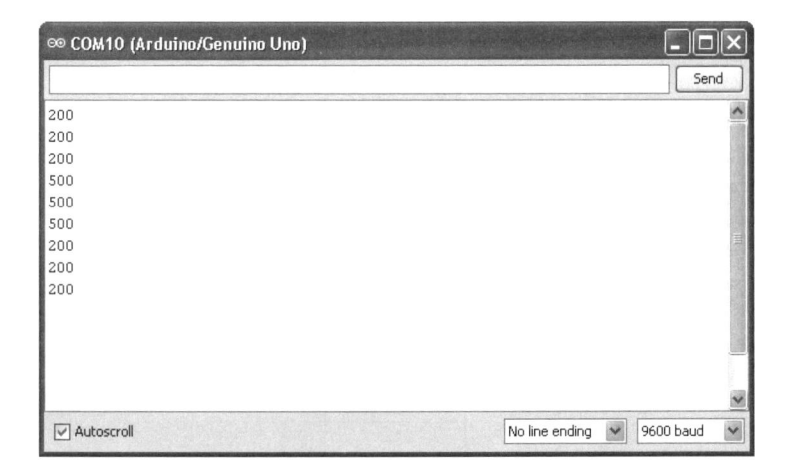

Figura 5.1 >> O Monitor Serial exibindo a saída do sketch 5-0.

Isso tudo está bem claro. Se você quiser aumentar o array com mais durações, tudo o que você deve fazer é acrescentar os novos valores à lista que está dentro das chaves e mudar o "9" no laço de **for** pelo novo tamanho de array.

Você tem que tomar um pouco de cuidado com os arrays, porque o compilador não tem como impedir você de acessar dados que estão fora dos limites do array. Na realidade, isso ocorre porque o array é um apontador de endereços de memória, como está mostrado na Figura 5.2.

Os programas mantêm os seus dados na *memória*, tanto para as variáveis comuns como para os arrays. A memória de um computador é organizada de forma muito mais inflexível do que a memória humana. É mais fácil entender imaginando que a memória de um Arduino é como uma coleção de compartimentos. Por exemplo, quando você define um array de nove elementos, os nove compartimentos seguintes disponíveis na memória serão reservados para o array. Dizemos que a variável aponta para o primeiro compartimento ou *elemento* do array.

Vamos voltar à questão de acessar posições que estão fora dos limites do array. Se você decidir acessar **durations[10]**, você ainda obterá um valor do tipo **int**, mas o valor desse **int** pode ser qualquer coisa. Isso em si não é prejudicial. No entanto, se acidentalmente você acessar um valor que esteja fora dos limites do array e usar esse valor, é muito provável que o sketch produzirá resultados imprevisíveis.

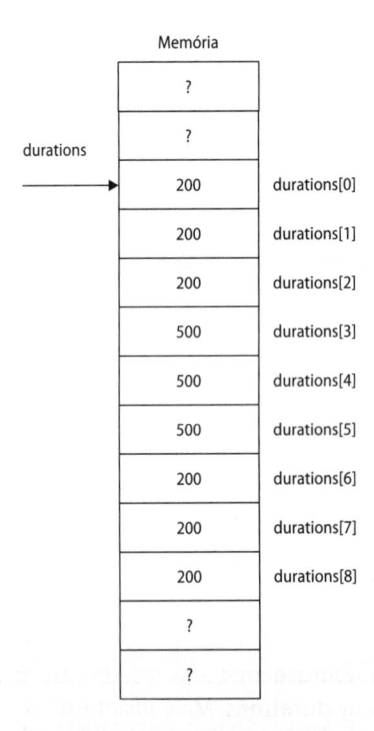

	Memória	
	?	
	?	
durations →	200	durations[0]
	200	durations[1]
	200	durations[2]
	500	durations[3]
	500	durations[4]
	500	durations[5]
	200	durations[6]
	200	durations[7]
	200	durations[8]
	?	
	?	

Figura 5.2 >> Arrays e apontadores.

Entretanto, muito pior é quando você muda um valor que está fora dos limites do array. Por exemplo, se você incluir no programa o seguinte comando, então como consequência poderá acontecer algo que arruinará o seu sketch:

```
durations[10] = 0;
```

Na memória, a posição **durations[10]** pode estar sendo usada por uma variável de natureza completamente diferente. Portanto, sempre se assegure de que você não está indo além dos limites do array. Se seu sketch começar a se comportar de forma estranha, verifique primeiro se isso não está ocorrendo.

» SOS em código Morse usando arrays

O sketch 5-02 mostra como você pode usar um array para gerar o seu sinal SOS de emergência:

```
// sketch 5-02
const int ledPin = 13;

int durations[] = {200, 200, 200, 500, 500, 500, 200, 200, 200};

void setup()
{
  pinMode(ledPin, OUTPUT);
}

void loop()
{
  for (int i = 0; i < 9; i++)
  {
    flash(durations[i]);
  }
  delay(1000);
}

void flash(int delayPeriod)
{
  digitalWrite(ledPin, HIGH);
  delay(delayPeriod);
  digitalWrite(ledPin, LOW);
  delay(delayPeriod);
}
```

Uma vantagem óbvia dessa abordagem é a facilidade para se alterar a mensagem. Basta simplesmente modificar o array **durations**. Mais adiante, no sketch 5-05, você dará mais um passo no uso de arrays quando construir um transmissor luminoso de código Morse que pode ser usado de forma mais genérica.

» Arrays do tipo string

No mundo da programação, a palavra *string* (barbante) não tem nada a ver com um cordão fino e comprido no qual você dá nós. Uma string é uma sequência de caracteres. É o modo de se trabalhar com textos no Arduino. Por exemplo, a cada segundo, o sketch 5-03 envia repetidamente o texto "Hello" ("Alo") ao Monitor Serial:

```
// sketch 5-03
void setup()
{
  Serial.begin(9600);
}

void loop()
{
  Serial.println("Hello");
  delay(1000);
}
```

» Literais do tipo string

Literais do tipo string, ou simplesmente literais string, são caracteres colocados entre aspas duplas (como por exemplo, "Arduino"). Elas são literais no sentido de que a string é uma constante, do mesmo modo que **int** 123.

Tabela 5.1 » **Códigos ASCII comuns**

Caractere	Código ASCII (em decimal)
a–z	97–122
A–Z	65–90
0–9	48–57
espaço	32

Como seria de se esperar, uma variável pode conter strings. Há também uma biblioteca avançada de strings, mas por enquanto você usará as strings padrões da linguagem C, como a do sketch 5-03.

Em C, um literal string é na realidade um array do tipo **char**. O tipo **char** é um pouco como o tipo **int** no sentido de que é um número inteiro, mas um número entre 0 e 127 representando um caractere. O caractere pode ser uma letra do alfabeto, um número, um sinal de pontuação, ou um caractere especial como o de tabulação (tab) ou de nova linha. Esses códigos numéricos de letras usam o padrão denominado ASCII. Alguns dos códigos ASCII mais comuns estão mostrados na Tabela 5.1.

O literal string "Hello" ("Alô") é na realidade um array de caracteres, como está mostrado na Figura 5.3.

Observe que o literal string tem um caractere especial de nulo (\0) no final. Esse caractere é usado para indicar o final da string.

Memória

H (72)
e (101)
l (108)
l (108)
o (111)
\0 (0)

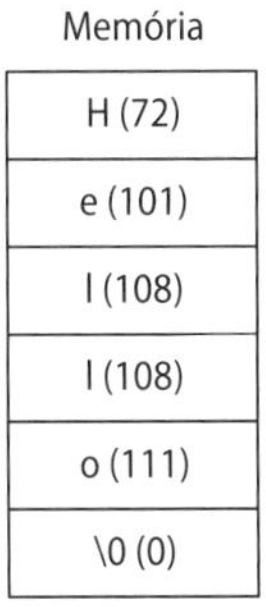

Figura 5.3 >> O literal string "Hello".

>> Variáveis do tipo string

Como é de se esperar, uma variável do tipo string, ou simplesmente variável string, é muito similar às variáveis do tipo array, exceto que há um método abreviado muito útil para definir o seu valor inicial.

```
char name[] = "Hello";
```

Esse comando define um array de caracteres e o inicializa com a palavra "Hello." Ele também acrescenta ao array um valor nulo final (ASCII 0) que é usado para indicar o final da string.

O exemplo anterior está bem consistente com o que você sabe sobre como definir um array. No entanto, mais comumente, o que se escreve mesmo é o seguinte:

```
char *name = "Hello";
```

Essa forma de escrever é equivalente e o * indica um ponteiro.* A ideia é de que **name** (nome) aponta para o primeiro elemento **char** de um array do tipo **char**. Essa é a posição na memória que contém a letra "H".

---

*N. de T.: O uso de ponteiros é tratado com mais detalhes no segundo livro do autor sobre programação com Arduino, a saber: MONK, S. Programação com Arduino II: passos avançados com Sketches. Porto Alegre: Bookman, 2015. 260 p. (Série Tekne).

Você pode reescrever o sketch 5-03 usando uma variável e uma constante string obtendo:

```
// sketch 5-04
char message[] = "Hello";

void setup()
{
  Serial.begin(9600);
}

void loop()
{
  Serial.println(message);
  delay(1000);
}
```

Um tradutor de código Morse

Vamos reunir o que você aprendeu sobre arrays e strings e construir um sketch mais complexo, capaz de aceitar qualquer mensagem vinda do Monitor Serial e transmiti-la usando o LED da placa.

As letras do código Morse estão mostradas na Tabela 5.2.

Tabela 5.2 » **Letras em código Morse**

A	.-	N	-.	0	-----
B	-...	O	---	1	.----
C	-.-.	P	.--.	2	..---
D	-..	Q	--.-	3	...--
E	.	R	.-.	4	....-
F	..-.	S	...	5	.....
G	--.	T	-	6	-....
H	....	U	..-	7	--...
I	..	V	...-	8	---..
J	.---	W	.--	9	----.
K	-.-	X	-..-		
L	.-..	Y	-.--		
M	--	Z	--..		

Algumas das regras do código Morse dizem que a duração de um traço é igual a três vezes a duração de um ponto, a duração de um espaço entre traços e/ou pontos é igual à duração de um ponto, a duração de um espaço entre duas letras tem a mesma duração de um traço e, finalmente, a duração de um espaço entre duas palavras tem a mesma duração que sete pontos.

Neste projeto, não vamos nos preocupar com a pontuação, embora seja um exercício interessante tentar incluí-la no sketch. Para uma lista completa de todos os caracteres do código Morse, veja pt.wikipedia.org/wiki/Código_Morse.

>> Dados

Construiremos este exemplo dando um passo de cada vez. Começaremos com a estrutura de dados que será usada para representar os códigos.

É importante compreender que não há uma única solução para este problema. Diferentes programadores chegariam a diversas maneiras de resolvê-lo. Portanto, seria um erro se você pensasse consigo mesmo que "Eu nunca teria chegado a essa solução". Bem, talvez não, mas é bem possível que você chegasse a algo diferente e melhor. Cada pessoa pensa de um modo diferente e a solução apresentada aqui é a que primeiro ocorreu na cabeça do autor.

A representação dos dados consiste em descobrir uma maneira de expressar a Tabela 5.2 em linguagem C. De fato, você dividirá os dados em duas tabelas: uma para as letras (letters) e outra para os números (numbers). A estrutura de dados para as letras é a seguinte:

```
char *letters[] =                       // letras
{
  ".-", "-...", "-.-.", "-..", ".", "..-.", "--.", "....", "..",     // A-I
  ".---", "-.-", ".-..", "--", "-.", "---", ".--.", "--.-", ".-.",   // J-R
  "...", "-", "..-", "...-", ".--", "-..-", "-.--", "--.."           // S-Z
};
```

O que você tem aqui é um array de literais do tipo string. Portanto, como um literal string é de fato um array do tipo **char**, então o que temos aqui na verdade é um array de arrays – algo perfeitamente legal e realmente muito útil.

Isso significa que, para encontrar o código Morse da letra A, você deve acessar **letters[0]** o que lhe dará .- como string. Essa abordagem não é tão eficiente porque você está usando um byte inteiro (oito bits) de memória para representar o traço ou o ponto, os quais poderiam ser representados cada um simplesmente usando um bit. Entretanto, você pode facilmente justificar esse método dizendo que o número total de bytes está em torno de apenas 90 enquanto que nós temos 2048 bytes disponíveis para usar. Igualmente importante, essa abordagem facilita a compreensão do código.

Os números podem ser representados do mesmo modo:

```
char *numbers[] =                    // números
{
  "-----", ".----", "..---", "...--", "....-",   // 0-4
  ".....", "-....", "--...", "---..", "----."    // 5-9
};
```

❯❯ Globais e setup

Você precisa definir duas variáveis globais: uma para a duração de um ponto (dotDelay) e uma para definir o pino de conexão do LED:

```
const int dotDelay = 200;
const int ledPin = 13;
```

A função **setup** é bem simples. Você precisa apenas definir **ledPin** como saída e inicializar a porta serial:

```
void setup()
{
  pinMode(ledPin, OUTPUT);
  Serial.begin(9600);
}
```

❯❯ A função loop

Agora você dará início ao verdadeiro trabalho de processamento que ocorre dentro do laço de **loop**. O algoritmo contido nessa função faz o seguinte:

- Se houver um caractere para ser lido na entrada USB:
    - ❯ Se for uma letra, use o array de letras para transmiti-la pelo LED
    - ❯ Se for um número, use o array de números para transmiti-lo pelo LED
    - ❯ Se for um espaço, aguarde quatro vezes a duração de um ponto

Isso é tudo. Não é necessário ir muito mais além. Esse algoritmo representa o que você quer fazer, ou qual é a sua *intenção*. Esse estilo de programação é denominado *programação por intenção*.

Se você escrever esse algoritmo em C, você terá algo como segue:

```c
void loop()
{
  char ch;
  if (Serial.available() > 0)
  {
    ch = Serial.read();
    if (ch >= 'a' && ch <= 'z')
    {
      flashSequence(letters[ch - 'a']);   //minúsculas
    }
    else if (ch >= 'A' && ch <= 'Z')
    {
      flashSequence(letters[ch - 'A']);  // maiúsculas
    }
    else if (ch >= '0' && ch <= '9')
    {
      flashSequence(numbers[ch - '0']);  // números
    }
    else if (ch == ' ')
    {
      delay(dotDelay * 4);  // intervalo de tempo entre palavras
    }
  }
}
```

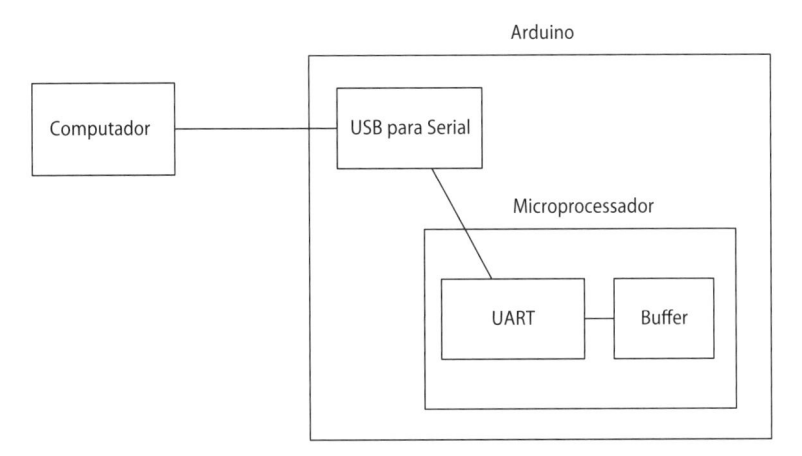

Figura 5.4 >> Comunicação serial com o Arduino.

Aqui há umas poucas coisas que necessitam de explicação. Primeiro, há a função **Serial.available()** (Serial.disponível). Para compreendê-la você inicialmente precisa conhecer um pouco sobre a maneira do Arduino comunicar-se com o seu computador através da conexão USB. A Figura 5.4 resume esse processo.

Quando o computador está enviando dados do Monitor Serial para a placa do Arduino, os dados que chegam à placa são convertidos do formato USB (protocolo e níveis de sinal) em algo que pode ser usado pelo microcontrolador do Arduino. Essa conversão acontece em um chip de uso especial que está nessa placa. Em seguida, os dados são recebidos por um componente do microcontrolador denominado Universal Asynchronous Receiver/Transmitter (UART).* A UART coloca os dados recebidos em um buffer. O buffer é uma área especial da memória (128 bytes) que pode armazenar dados. Esses dados são removidos logo após serem lidos.

Essa comunicação acontece independentemente do que o seu sketch esteja fazendo. Assim, mesmo que você esteja feliz com os LEDs piscando, os dados continuarão chegando e sendo armazenados no buffer onde ficarão até que você os leia. Você pode imaginar o buffer como algo semelhante a uma caixa de entrada de e-mail.

A maneira de você verificar se "tem e-mail" é usando a função **Serial.available()**. Essa função retorna o número de bytes de dados que estão disponíveis (available) no buffer esperando para serem lidos. Se não houver mensagens esperando para serem lidas, então a função retornará o valor 0. Essa é a razão do comando **if** verificar se há mais do que zero bytes disponíveis esperando para serem lidos. Se houver bytes esperando, então a primeira coisa que o comando faz é ler o próximo **char** disponível, usando a função de leitura serial **Serial.read()**. O valor retornado por essa função é atribuído à variável local **ch** (character, ou caractere).

Em seguida, há outro **if** para decidir se o caractere que você deseja transmitir é uma letra minúscula:

```
if (ch >= 'a' && ch <= 'z')
{
   flashSequence(letters[ch - 'a']);
}
```

No início, isso pode parecer um tanto estranho. Você está usando <= e >= para comparar caracteres. Isso pode ser feito porque na realidade cada caractere é representado por um número (o seu código ASCII). Desse modo, se o código do caractere está em algum lugar entre *a* e *z* (97 e 122), então você sabe que o caractere que veio do computador é uma letra minúscula. A seguir, você chama uma função, que ainda não foi escrita, denominada **flashSequence** (sequência de flashes), para a qual você passará uma string de pontos e traços. Por exemplo, para transmitir *a*, você deve passar a sequência . − como argumento.

Você está dando a essa função a responsabilidade de acender e apagar o LED. Como você não está fazendo isso dentro do **loop**, a leitura do código se torna fácil.

---

*N. de T.: Receptor/Transmissor Assíncrono Universal, em português.

Aqui está o comando em C que determina qual é a string com a sequência de pontos e traços que você precisa enviar para a função **flashSequence**:

```
letters[ch - 'a']
```

Novamente, isso parece um pouco estranho. Aparentemente, a função está subtraindo um caractere de outro. Na verdade, isso é algo perfeitamente razoável, porque a função está na realidade subtraindo valores ASCII.

Lembre-se de que você está armazenando os códigos das letras em um array. Assim, o primeiro elemento do array contém uma string com a sequência de pontos e traços para a letra *A*, o segundo elemento contém os pontos e traços da letra *B*, e assim por diante. Desse modo, você precisa encontrar no array a posição correta da letra que você acabou de buscar no buffer. A posição de qualquer letra minúscula será o código de caractere da letra menos o código de caractere da letra minúscula *a*. Assim, por exemplo, *a – a* é na realidade 97 – 97 = 0. Do mesmo modo, *c – a* é na realidade 99 – 97 = 2. Portanto, se **ch** for a letra *c*, então a expressão dentro dos colchetes dará como resultado o valor 2, com o qual você obtém o elemento 2 do array, que tem − . − . como string.

O que esta seção acabou de descrever tem a ver com as letras minúsculas. Você também deve levar em consideração as letras maiúsculas e os números. Ambos são tratados de forma similar.

» A função flashSequence

Nós assumimos que uma função de nome **flashSequence** (sequência de flashes) estava disponível e a usamos. Entretanto, agora precisamos escrevê-la. Para isso, nós imaginaremos que ela primeiro recebe uma string contendo uma sequência de pontos e traços e, em seguida, acende e apaga o LED de forma correta com os intervalos de tempo necessários.

Pensando em um algoritmo capaz de fazer isso, você poderia decompô-lo nos seguintes passos:

- Para cada elemento da string de pontos e traços (tal como . − . −):
  » Faça o LED piscar conforme seja um ponto ou um traço

Usando o conceito de programação por intenção, vamos manter a função limitada a isso.

Os códigos Morse das letras não têm todos o mesmo comprimento. Desse modo, você deve ficar repetindo o procedimento com a string até encontrar a marca \0 que indica o final da string. Você também precisará de uma variável de contagem denominada i, que inicia em 0 e é incrementada sempre que um ponto ou traço é processado. Em forma de sketch, teremos:

```
void flashSequence(char *sequence)
{
  int i = 0;
  while (sequence[i] != '\0')
```

```
   {
      flashDotOrDash(sequence[i]);
      i++;
   }
   delay(dotDelay * 3);    // intervalo de tempo entre as letras
```

Nós usaremos uma nova função denominada **flashDotOrDash** (flashPontoOuTraço) para realizar o trabalho de fazer o LED piscar adequadamente conforme tratar-se de ponto (dot) ou traço (dash). É essa função que realmente faz o LED piscar. Finalmente, quando o programa termina de executar toda a sequência, ele executa uma pausa com uma duração equivalente a três pontos (`dotDelay * 3`) para marcar a separação entre as letras que estão sendo transmitidas. Observe como é útil incluir um comentário.

>> A função flashDotOrDash

A última função desta série de funções é a que realmente executa o trabalho de ligar e desligar o LED. Como argumento de `dotOrDash`, a função recebe um caractere (`char`) que pode ser um ponto (.) ou um traço (−).

Tudo que a função precisa fazer é acender o LED e, se o argumento for um ponto, deverá esperar o intervalo de tempo de um ponto e, se o argumento for um traço, deverá esperar três vezes o intervalo de tempo de um ponto. Em seguida, a função deve apagar o LED. Finalmente, quando terminar a sequência, ela precisa aguardar um tempo correspondente a um ponto para fazer a separação entre flashes.

```
void flashDotOrDash(char dotOrDash)    // O argumento dotOrDash
                                       // recebido pode ser
                                       // ponto ou traço
{
   digitalWrite(ledPin, HIGH);
   if (dotOrDash == '.')  // se pontoOuTraço igual a ponto (.)
   {
      delay(dotDelay);      // espera o tempo de um ponto (dotDelay)
   }
   else                   // senão deve ser um traço (−) (dash)
   {
      delay(dotDelay * 3); // espera o tempo de um traço, igual a
                           // três vezes o de um ponto
   }
   digitalWrite(ledPin, LOW);
   delay(dotDelay);         // intervalo de tempo entre os flashes
}
```

» Juntando tudo

Reunindo tudo isso, a listagem final está mostrada no sketch 5-05. Carregue-o (upload) para a placa de Arduino e teste. Lembre-se de que para usá-lo você deve abrir o Monitor Serial e escrever algum texto na área que está na parte superior e clicar Send (Enviar). Então, você deverá ver o texto sendo transmitido em código Morse pelo LED.

```
// sketch 5-05
int dotDelay = 200;
int ledPin = 13;

char *letters[] =                   // letras
{
  ".-", "-...", "-.-.", "-..", ".", "..-.", "--.", "....", "..",    // A-I
  ".---", "-.-", ".-..", "--", "-.", "---", ".--.", "--.-", ".-.",  // J-R
  "...", "-", "..-", "...-", ".--", "-..-", "-.--", "--.."          // S-Z
};

char *numbers[] =                   // números
{
  "-----", ".----", "..---", "...--", "....-",    // 0-4
  ".....", "-....", "--...", "---..", "----."     // 5-9
};

void setup()
{
  pinMode(ledPin, OUTPUT);
  Serial.begin(9600);
}

void loop()
{
  char ch;
  if (Serial.available() > 0)
  {
    ch = Serial.read();
    if (ch >= 'a' && ch <= 'z')
    {
      flashSequence(letters[ch - 'a']);
    }
    else if (ch >= 'A' && ch <= 'Z')
    {
      flashSequence(letters[ch - 'A']);
    }
    else if (ch >= '0' && ch <= '9')
    {
      flashSequence(numbers[ch - '0']);
    }
    else if (ch == ' ')
    {
      delay(dotDelay * 4);          // intervalo de tempo entre palavras
```

```
    }
  }
}

void flashSequence(char* sequence)
{
  int i = 0;
  while (sequence[i] != '\0')
  {
    flashDotOrDash(sequence[i]);
    i++;
  }
  delay(dotDelay * 3);              // intervalo de tempo entre letras
}

void flashDotOrDash(char dotOrDash)
{
  digitalWrite(ledPin, HIGH);
  if (dotOrDash == '.')
  {
    delay(dotDelay);                // espera o tempo de um ponto (dot)
  }
  else // deve ser um traço - (dash)
  {
    delay(dotDelay * 3);            // espera o tempo de um traço
  }
  digitalWrite(ledPin, LOW);
  delay(dotDelay);                  // intervalo de tempo entre os flashes
}
```

Esse sketch contém uma função **loop** que é chamada automaticamente e que repetidamente fica chamando a função **flashSequence** que você escreveu. Por sua vez, a **flashSequence** chama repetidas vezes a função **flashDotOrDash**, que você também escreveu, a qual chama as funções **digitalWrite** e **delay**, que são fornecidas pelo próprio Arduino!

É assim que seus sketches devem ser construídos. Quando você decompõe em partes as coisas que devem ser feitas, usando funções para executar cada uma das partes, fica muito mais fácil fazer o seu código funcionar. Além disso, se você ficar algum tempo sem usá-lo, essa forma de estruturação facilitará o entendimento e a utilização quando você voltar a executá-lo.

» Conclusão

Além de ter examinado as strings e os arrays, neste capítulo você também construiu um tradutor de código Morse mais complexo. Espero que isso tenha reforçado a importância de escrever o seu código usando funções.

No próximo capítulo, você aprenderá a usar as entradas e saídas de sinais analógicos e digitais do Arduino.

CAPÍTULO 6

Entrada e saída

O Arduino trata da chamada computação física. Isso significa ligar circuitos eletrônicos à placa do Arduino. Portanto, é necessário que você compreenda a usar as várias opções de conexão dos seus pinos.

As saídas podem ser digitais, apresentando valores de 0 volts ou 5 volts, ou analógicas, apresentando qualquer valor entre 0 e 5 volts – embora não seja tão simples assim, como veremos. Por outro lado, as entradas podem ser digitais (verificar se um botão foi apertado ou não) ou analógicas (verificar o valor medido por um sensor luminoso).

Em um livro que trata basicamente de software e não de hardware, procuraremos não nos envolver com discussões aprofundadas de eletrônica. Neste capítulo, entretanto seria útil se você pudesse dispor de um multímetro e de um pedaço de fio rígido para compreender melhor o que está acontecendo.

OBJETIVOS DE APRENDIZAGEM

» Entender como funcionam as saídas e as entradas digitais.
» Aprender a estabelecer a comunicação entre o Arduino e um computador PC.
» Aprender a informar ao Arduino qual pino será utilizado.
» Aprender os tipos de entradas e saídas.
» Aprender a usar resistores de pull-up e a realizar debouncing.
» Aprender a usar a entrada analógica.

>> Saídas digitais

Nos capítulos anteriores, você usou o LED "L" conectado ao pino digital 13 da placa do Arduino. Por exemplo, no Capítulo 5, ele foi usado no sinalizador de código Morse. A placa do seu Arduino tem um conjunto completo de pinos digitais à sua disposição.

Vamos experimentar com um outro pino do Arduino. Usaremos o pino digital 3 (D3). Para ver o que está acontecendo, ligue alguns fios ao multímetro e ao Arduino. A Figura 6.1 mostra as ligações. Se o seu multímetro tem ponteiras do tipo jacaré, primeiro pegue dois pedaços curtos de fio rígido e descasque as extremidades. A seguir, conecte a ponteira vermelha com jacaré a uma das extremidades de um dos fios e insira a outra extremidade do fio no pino digital 3 (D3) do Arduino. A outra ponteira é conectada através do outro fio a um pino GND do Arduino. Se o seu multímetro não tiver ponteiras com jacarés, então enrole as extremidades descascadas de fio rígido diretamente nas ponteiras, como mostra a Figura 6.1.

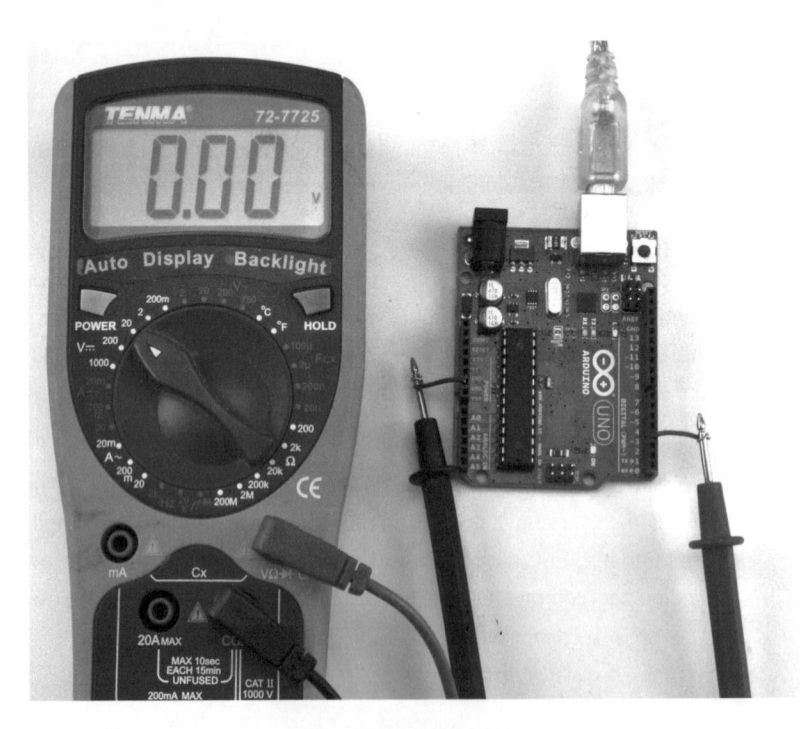

Figura 6.1 >> Uso de um multímetro para medir as saídas.

O multímetro precisa estar na faixa de corrente contínua (DC) de 0–20V. A ponteira negativa (preta) deve ser conectada ao pino de massa ou terra (GND) e a ponteira positiva (vermelha), ao pino 3. Para isso, como vimos antes, as extremidades descascadas de fio rígido são simplesmente conectadas às ponteiras do multímetro e inseridas nos pinos da placa do Arduino.

Carregue o sketch 6-01:

```
//sketch 6-01

const int outPin = 3;                   // Pino de saída = 3

void setup()
{
  pinMode(outPin, OUTPUT);
  Serial.begin(9600);
  Serial.println("Enter 1 or 0");    // "Entre com 1 ou 0"
}

void loop()
{
  if (Serial.available() > 0)
  {
    char ch = Serial.read();
    if (ch == '1')
    {
      digitalWrite(outPin, HIGH);
    }
    else if (ch == '0')
    {
      digitalWrite(outPin, LOW);
    }
  }
}
```

No início do sketch, você pode ver o comando **pinMode** (modo do pino). Em um projeto, cada pino pode ser usado como entrada ou saída. Você deve utilizar esse comando para que o Arduino possa configurar o circuito eletrônico de cada pino como entrada ou saída. Veja o exemplo seguinte:

```
pinMode(outPut, OUTPUT);   // o pino "output" é definido como saída
```

Como você já deve ter notado, o comando **pinMode** é uma função interna predefinida do Arduino. O seu primeiro argumento, no exemplo acima sendo dado pelo valor de `output`, é o número do pino em questão (um **int**) e o segundo argumento é o modo, que pode ser **INPUT** (entrada), **INPUT_PULLUP** (entrada pullup) ou **OUTPUT** (saída). Observe que o nome do modo é escrito todo em letras maiúsculas.

A função **loop** fica esperando que um comando **1** ou **0** venha do Monitor Serial do seu computador. Se for um **1**, então o pino 3 será ligado (5V), senão será desligado (0V).

Carregue (upload) o sketch para o Arduino e então abra o Monitor Serial (mostrado na Figura 6.2).

Desse modo, com o multímetro funcionando e conectado ao Arduino, você deverá ver as leituras mostrando valores que variam entre 0V (nível baixo–LOW) e cerca de 5V (nível alto–HIGH). Isso acontece quando você usa o Monitor Serial e envia comandos para a placa. Você pode teclar **0** e **Enter** ou **1** e **Enter**.

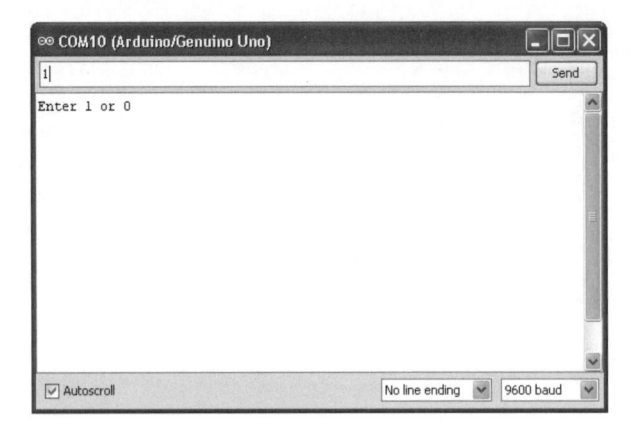

Figura 6.2 >> O Monitor Serial.

Se não houver pinos suficientes do tipo digital (0 a 13) para o seu projeto, então você poderá usar também os pinos com a marca "A" (analógicos) como saídas digitais. Para isso, você precisa simplesmente acrescentar **14** ao número do pino analógico. Tente fazer isso. Para tanto, modifique a primeira linha do sketch 6-01 para que seja usado o pino 14 (que é o pino analógico A0 sendo usado como pino digital: 14 = 0 + **14**) e ligue a ponteira positiva do seu multímetro ao pino A0 do Arduino.

Isso é tudo que há a respeito de saídas digitais. Agora, vamos passar para as entradas digitais.

Figura 6.3 >> Colocando a saída em nível alto (HIGH).

>> Entradas digitais

O uso mais comum das entradas digitais é detectar se uma chave está fechada. Uma entrada digital pode estar ligada ou desligada. Se a tensão da entrada for menor que 2,5 volts (metade de 5 volts), então ela será 0 (desligada) e, se for maior que 2,5 volts, ela será 1 (ligada).

Desconecte o seu multímetro e carregue (upload) o sketch 6-02 para a placa do seu Arduino:

```
//sketch 6-02

const int inputPin = 5;        // Pino de entrada = 5

void setup()
{
  pinMode(inputPin, INPUT);    // definindo o pino 5 como entrada
  Serial.begin(9600);
}

void loop()
{
  int reading = digitalRead(inputPin);    //leitura no pino 5
  Serial.println(reading);    // Enviando ao Monitor Serial
  delay(1000);
}
```

Como fizemos antes com uma saída, agora você precisa dizer ao Arduino na função **setup** que você vai usar um determinado pino como entrada. O valor presente em uma entrada digital pode ser lido (read) usando a função **digitalRead** (leitura digital).

>> Resistores de pull-up

A cada segundo, o sketch lê o pino de entrada e envia o seu valor para o Monitor Serial. Carregue (upload) o sketch e abra o Monitor Serial. Você deve ver um novo valor aparecendo a cada segundo. Insira uma extremidade do fio no pino 5 e aperte com os dedos a outra extremidade do fio, como está mostrado na Figura 6.4.

Continue apertando e soltando a extremidade do fio por alguns segundos e observe o texto que aparece no Monitor Serial. Você deverá ver uma mistura de zeros (0) e uns (1) aparecer no Monitor Serial. A razão é que as entradas da placa do Arduino são muito sensíveis. Você está atuando como uma antena, captando interferência elétrica.

Pegue a extremidade do fio que você está apertando e insira no pino de +5V, como mostrado na Figura 6.5. Agora, o texto mostrado pelo Monitor Serial deverá mudar para uma sequência de uns (1).

Figura 6.4 >> Uma entrada digital com uma antena humana.

Figura 6.5 >> O pino 5 conectado a +5V.

Em seguida, pegue a extremidade que está inserida em +5V e leve-a para uma das conexões de massa (GND) do Arduino. Agora, como seria de se esperar, o Monitor Serial passa a exibir zeros.

Um uso típico para um pino de entrada é conectá-lo a uma chave. A Figura 6.6 mostra como podemos fazer essa ligação.

Figura 6.6 >> Conexão de uma chave à placa de Arduino.

O problema é que, quando a chave não está fechada, o pino de entrada não está ligado a nada. Dizemos que está flutuando, podendo facilmente produzir uma leitura falsa. É necessário que a sua entrada seja previsível e a maneira de conseguir isso é usando o chamado resistor de pull-up. A Figura 6.7 mostra como um resistor de pull-up é normalmente usado. O efeito obtido com ele é que, quando a chave está aberta, o resistor "puxa" (pull) a entrada flutuante para cima (up) até 5V. Quando você aciona a chave fechando o contato, a chave se sobrepõe ao resistor forçando a entrada para 0V (para baixo). Um efeito paralelo é que, enquanto a chave está fechada, uma tensão de 5V está sendo aplicada ao resistor, causando a circulação de uma corrente. Desse modo, o valor do resistor deve ser escolhido de tal forma que, de um lado, seja suficientemente baixo para torná-lo imune a qualquer interferência elétrica e, ao mesmo tempo, suficientemente alto para que uma corrente excessiva não circule enquanto a chave está fechada.

>> Resistores internos de pull-up

Felizmente, a placa do Arduino contêm resistores internos de pull-up que são configuráveis por software e que estão associados aos pinos digitais. Normalmente, eles estão desligados. Assim, tudo o que você precisa fazer para habilitar o resistor de pull-up do pino 5 do sketch 6-02 é mudar o modo do pino de INPUT para INPUT_PULLUP.

Figura 6.7 >> Chave com um resistor de pull-up.

O sketch 6-03 é a versão modificada. Carregue-o (upload) para a placa do Arduino e teste-o como antena novamente. Desta vez você verá que a entrada permanece em 1 no Monitor Serial.

```
//sketch 6-03

const int inputPin = 5;

void setup()
{
  pinMode(inputPin, INPUT_PULLUP);
  Serial.begin(9600);
}

void loop()
{
  int reading = digitalRead(inputPin);
  Serial.println(reading);
  delay(1000);
}
```

» Debouncing*

Ao apertar uma chave de botão, você espera que ocorra uma única mudança no valor da tensão, passando de 5V (com resistor de pull-up) para 0V quando o contato elétrico é fechado. A Figura 6.8 mostra o que realmente acontece quando você aperta o botão. A lâmina de metal no interior do botão entra em vibração, abrindo e fechando o contato elétrico diversas vezes. Essa vibração enfraquece aos poucos até chegar ao repouso. Consequentemente, um único aperto no botão converte-se em uma série de abre e fecha contato, que vai enfraquecendo aos poucos e no final acaba se estabilizando com o contato fechado. Esse efeito é conhecido por *bouncing*.

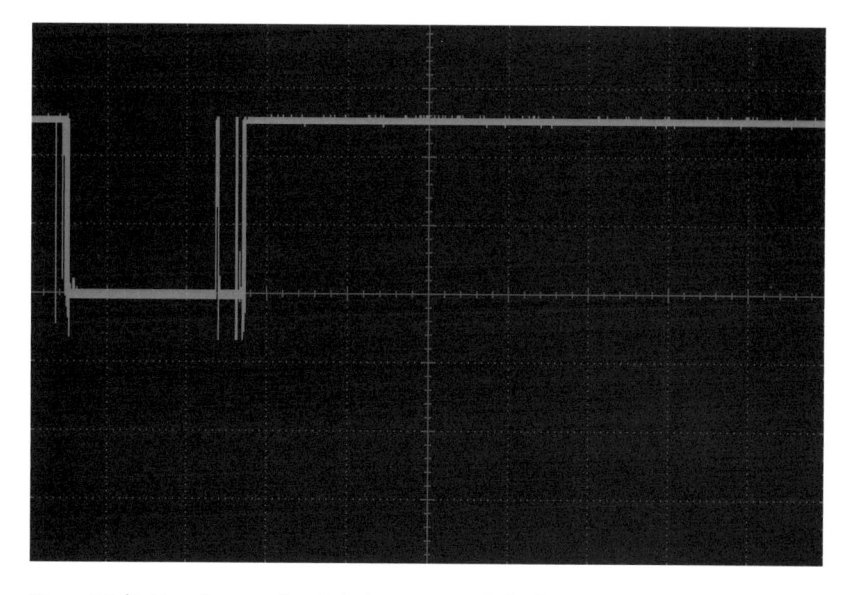

Figura 6.8 » Traçado no osciloscópio de um aperto de botão.

Tudo isso ocorre muito rapidamente. Quando você aperta o botão da chave, pode-se ver no traçado de osciloscópio que o tempo total gasto no *bouncing* é de apenas 200 milissegundos. Essa é uma chave velha, em más condições. Uma chave nova pode inclusive não apresentar *bouncing*.

Em alguns casos, esse efeito de bouncing não tem nenhuma importância. Por exemplo, o sketch 6-04 ligará o LED enquanto o botão estiver pressionado. Na realidade, você não usaria um Arduino para fazer esse tipo de coisa. Estamos lidando aqui com questões mais teóricas do que práticas.

---

*N. de T.: *Debouncing* é o nome frequentemente utilizado para denominar o processo que visa eliminar o assim chamado *bouncing*, que será visto agora nesta seção.

```
//sketch 6-04

const int inputPin = 5;
const int ledPin = 13;

void setup()
{
  pinMode(ledPin, OUTPUT);
  pinMode(inputPin, INPUT_PULLUP);
}

void loop()
{
  int switchOpen = digitalRead(inputPin);
  digitalWrite(ledPin, ! switchOpen);
}
```

Olhando a função **loop** do sketch 6-04, vemos que a função lê a entrada digital e atribui seu valor lógico (1 ou 0) a uma variável de nome **switchOpen** (chave aberta). Será 0 se o botão estiver acionado (chave fechada) e 1 em caso contrário. Lembre-se de que, quando o botão não está sendo apertado, a tensão no pino está sendo puxada para cima, para 1 (5 volts).

Quando você programa o comando **digitalwrite** para ligar ou desligar o LED, você precisa inverter esse valor. Isso é feito usando o operador **!** ou **not**.

Se você carregar (upload) esse sketch e conectar um fio entre o pino 5 e GND (veja a Figura 6.9), você deverá ver o LED acender. Nesse caso, pode estar ocorrendo um efeito de bouncing, mas provavelmente é tão rápido que você não consegue ver. No caso aqui, isso não é importante para o que queremos.

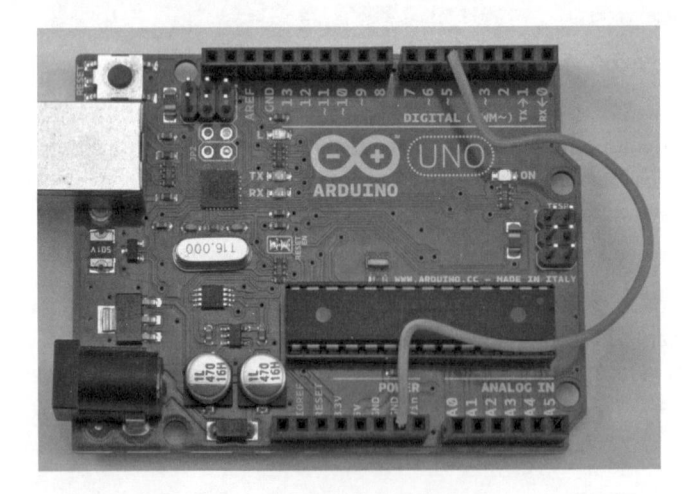

Figura 6.9 >> Usando um pedaço de fio como chave.

Uma situação em que o bouncing torna-se importante é quando você faz o LED ser ligado ou desligado a cada vez que você pressiona o botão. Isto é, quando você aperta o botão, o LED é aceso, permanecendo assim. Quando você apertar o botão novamente, o LED é desligado, permanecendo assim. Entretanto, se estiver ocorrendo bouncing no contato interno do botão, então o LED seria ligado ou desligado dependendo de o número abre e fecha contato no botão ter sido ímpar ou par.

O sketch 6-05 simplesmente liga e desliga o LED sem nenhuma tentativa de levar em consideração o bouncing. Experimente usar um fio como se fosse uma chave entre o pino 5 e o GND (ou use uma chave real se você tiver uma):

```
//sketch 6-05

const int inputPin = 5;
const int ledPin = 13;
int ledValue = LOW;         // Valor do led = BAIXO (LOW)

void setup()
{
  pinMode(inputPin, INPUT_PULLUP);
  pinMode(ledPin, OUTPUT);
}

void loop()
{
  if (digitalRead(inputPin) == LOW)
  {
    ledValue = ! ledValue;
    digitalWrite(ledPin, ledValue);
  }
}
```

Provavelmente você verá o LED funcionando corretamente algumas vezes, invertendo o seu estado, mas outras vezes parecerá que não está funcionando. Isso é o bouncing em ação!

Uma maneira simples de lidar com esse problema é adicionando um retardo logo que você detectar que o botão foi apertado no início do bouncing, como está mostrado no sketch 6-06:

```
//sketch 6-06
const int inputPin = 5;
const int ledPin = 13;
int ledValue = LOW;

void setup()
```

```
{
  pinMode(inputPin, INPUT_PULLUP);
  pinMode(ledPin, OUTPUT);
}

void loop()
{
  if (digitalRead(inputPin) == LOW)
  {
    ledValue = ! ledValue;
    digitalWrite(ledPin, ledValue);
    delay(500);
  }
}
```

Colocando um retardo (delay) na linha que está em negrito no sketch, nada será executado durante os próximos 500 milissegundos e, no final desse tempo, qualquer efeito de bouncing já terá cessado. Você descobrirá que o efeito de ligar e desligar o LED se tornará muito mais confiável. Um efeito colateral interessante é que se você mantiver o botão apertado (ou seja, o fio conectado), o LED ficará piscando.

Se isso é tudo que o sketch precisa fazer, então esse retardo não será um problema. Entretanto, se você precisar fazer mais coisas dentro do **loop**, o uso do delay pode ser um problema. Por exemplo, durante esses 500 milissegundos, o programa é incapaz de detectar se algum outro botão está sendo apertado.

Desse modo, algumas vezes essa abordagem não é boa o suficiente. Você precisará ser bem mais engenhoso, escrevendo você mesmo um código mais complexo para fazer o debouncing* Isso pode ser bem complicado, mas felizmente todo o trabalho já foi feito por alguns sujeitos abnegados.

Para fazer uso do trabalho dessas pessoas, você deve acrescentar uma biblioteca (library) ao IDE do seu Arduino. Para baixar essa biblioteca na forma de um arquivo compactado zip, comece entrando na página http://www.arduino.cc/playground/Code/Bounce. A seguir, clique no link que remete a GitHub. Após baixado e armazenado em alguma pasta de download de sua escolha, o arquivo compactado terá o nome Bounce2-master.zip. Agora você poderá instalá-lo. Depois de abrir o IDE do Arduino, abra o menu de Sketch e clique em "Incluir Biblioteca". Na lista de opções que aparecerá à direita, escolha "Adicionar biblioteca. ZIP". Na janela que se abrirá, vá até o arquivo compactado (Bounce2-master.zip) que você acabou de baixar e clique em abrir.** (Figura 6.10).

---

*N. de T.: *Debouncer* é o nome dado a um recurso, programado ou eletrônico, que é usado para eliminar os efeitos indesejados do *bouncing*. Essa eliminação é denominada *debouncing*.
**N. de T.: Caso você não encontre esses menus, é possível que sua versão de IDE seja antiga. Faça uma atualização.

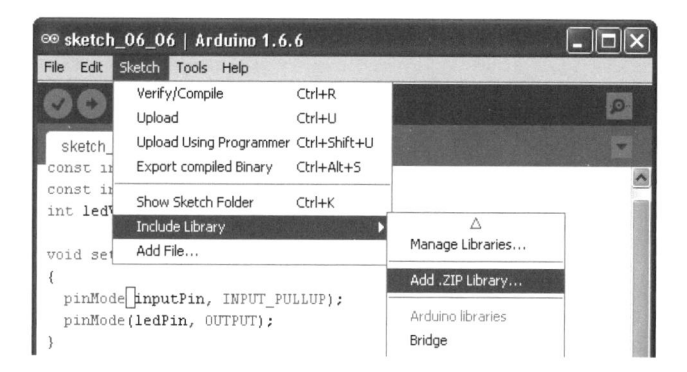

Figura 6.10 >> Instalando a biblioteca Bounce.

O sketch 6-07 mostra como você pode usar a biblioteca Bounce. Faça o carregamento (upload) do sketch para a sua placa e veja quão confiável ficou o funcionamento do liga e desliga do LED.

```
//sketch 6-07

#include <Bounce2.h>

const int inputPin = 5;
const int ledPin = 13;

int ledValue = LOW;
Bounce bouncer = Bounce();

void setup()
{
  pinMode(inputPin, INPUT_PULLUP);
  pinMode(ledPin, OUTPUT);
  bouncer.attach(inputPin);
}

void loop()
{
  if (bouncer.update() && bouncer.read() == LOW)
  {
    ledValue = ! ledValue;
    digitalWrite(ledPin, ledValue);
  }
}
```

O uso dessa biblioteca é bem simples. A primeira coisa que você vai observar é a linha seguinte:

```
#include <Bounce2.h>
```

Isso é necessário para informar o compilador de que a biblioteca Bounce será usada.

A seguir, você tem a seguinte linha:

```
Bounce bouncer = Bounce();
```

Por enquanto, não se preocupe com a sintaxe dessa linha. Em vez de sintaxe C, trata-se de sintaxe C++, que será vista no Capítulo 11. Por enquanto, você deverá se contentar apenas em saber que isso inicializa um objeto de nome **bouncer**.

A nova linha em setup vincula **bouncer** a **inputPin** usando a função **attach** (vincular). A partir de agora, você usará esse objeto **bouncer** para descobrir o que a chave está fazendo em vez de ler diretamente a entrada digital. Esse objeto coloca uma espécie de papel de embrulho de debouncing em torno do pino de entrada. Assim, para decidir se um botão foi pressionado usaremos a seguinte linha:

```
if (bouncer.update() && bouncer.read() == LOW)
```

A função **update** (atualizar) retorna um valor booleano em nível lógico alto (verdadeiro) quando alguma coisa mudou no objeto **bouncer** e a segunda parte da condição verifica se o botão passou para nível **LOW** (baixo, 0).

Saídas analógicas

Alguns dos pinos digitais – a saber, os pinos digitais 3, 5, 6, 9, 10 e 11 – podem fornecer uma saída variável, em vez de apenas 5V ou nada. Esses são os pinos da placa que estão com a marca ~ ou "PWM." A sigla PWM significa Pulse Width Modulation (Modulação por Largura de Pulso) e refere-se ao modo de controlar a intensidade da potência que está sendo fornecida na saída. Isso é feito ligando e desligando rapidamente a saída.

Os pulsos são sempre entregues com a mesma taxa (aproximadamente 500 por segundo em todos os pinos, exceto nos pinos 5 e 6, que fornecem 980 pulsos por segundo), mas a duração dos pulsos pode ser variada. Se você for usar PWM para controlar o brilho de um LED, então, quando os pulsos forem longos o seu LED estará aceso todo o tempo. Entretanto, se os pulsos forem curtos, o LED estará aceso apenas durante um tempo curto. Isso acontece tão rapidamente que o observador não consegue perceber que o LED está piscando. Parece simplesmente que o LED está com mais ou menos brilho.

Antes de começar a usar o LED, você poderá fazer testes de tensão com um multímetro. Conecte as ponteiras do multímetro para medir a tensão entre GND e o pino 3 (veja a Figura 6.11).

Figura 6.11 >> Medição da saída analógica.

Agora, faça o carregamento (upload) do sketch 6-08 para a sua placa e abra o Monitor Serial (veja a Figura 6.12). Entre com o dígito **3** e aperte ENTER. Você verá o voltímetro mostrar um valor em torno de 3V. A seguir, você pode experimentar com outros números entre 0 e 5.

```
//sketch 6-08

const int outputPin = 3;

void setup()
{
  pinMode(outputPin, OUTPUT);
  Serial.begin(9600);
  Serial.println("Enter Volts 0 to 5");//Entre com Volts de 0 a 5
}

void loop()
{
  if (Serial.available() > 0)
  {
    float volts = Serial.parseFloat();
    int pwmValue = volts * 255.0 / 5.0;
    analogWrite(outputPin, pwmValue);
  }
}
```

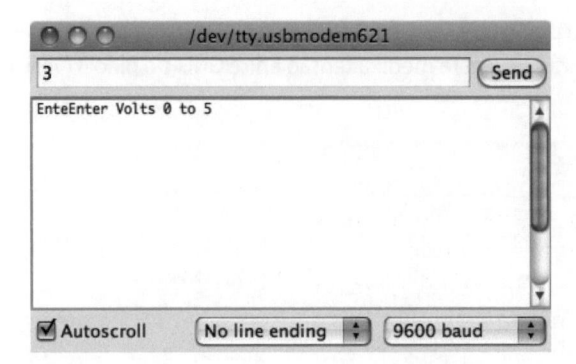

Figura 6.12 >> Ajustando a tensão de uma saída analógica.

O programa determina qual é o valor da saída PWM, entre 0 e 255, multiplicando a tensão desejada (0 a 5 volts) por 255/5. (Os leitores poderão consultar a Wikipedia para uma descrição mais detalhada de PWM.)

Você pode ajustar o valor de saída usando a função **analogWrite** (escrever analógico), que requer um valor de saída entre 0 e 255, onde 0 é desligado e 255 é potência máxima. Na realidade, esse é um ótimo meio de controlar o brilho de um LED. Se você estivesse tentando controlar o brilho pela variação da tensão do LED, você veria que nada aconteceria até que você tivesse cerca de 2V. Então, muito rapidamente o LED aumentaria bastante o seu brilho. Usando PWM, você poderá variar o tempo médio em que o LED permanece aceso, permitindo um controle muito mais proporcional do brilho.

>> Entradas analógicas

Uma entrada digital fornece apenas dois valores, ligado ou desligado, dependendo do que está sendo aplicado à entrada de um dado pino da placa do Arduino. Por outro lado, uma entrada analógica fornece valores entre 0 e 1023 dependendo da tensão presente no pino de entrada analógica. No Arduino, as entradas analógicas correspondem aos pinos A0 a A5.

O sketch abaixo lê (read) a entrada analógica (analog) usando a função **analogRead**. A cada meio segundo, o sketch 6-09 exibe no Monitor Serial a leitura e a tensão real (em volts) que está presente no pino analógico A0. Abra o Monitor Serial e observe as leituras aparecerem, como mostrado na Figura 6.13.

```
//sketch 6-09

const int analogPin = 0;

void setup()
```

```
{
  Serial.begin(9600);
}

void loop()
{
  int reading = analogRead(analogPin);
  float voltage = reading / 204.6;
  Serial.print("Reading=");      //"Leitura="
  Serial.print(reading);
  Serial.print("\t\tVolts=");
  Serial.println(voltage);
  delay(500);
}
```

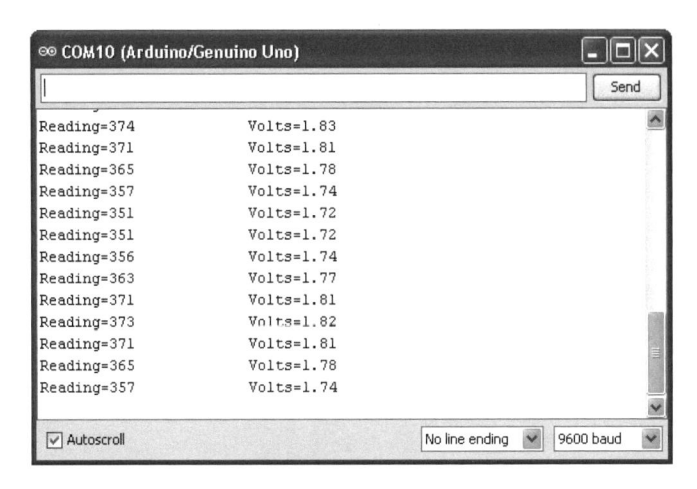

Figura 6.13 >> Medindo tensão com um Arduino Uno.

Quando você executa esse sketch, você verá que as leituras variam muito. Isso ocorre porque a entrada está flutuando, como nas entradas digitais.

Pegue uma extremidade de um fio e coloque-a em um pino GND, de modo que A0 estará conectado a 0 volts. Agora, as suas leituras devem permanecer em 0. Mova a extremidade do fio que estava em GND e coloque-a em 5V. Você deverá ter uma leitura em torno de 1023, que é a leitura máxima. Desse modo, se você conectar A0 ao terminal de 3.3V da placa do Arduino, o nosso voltímetro, construído com um Arduino, mostrará uma tensão em torno de 3.3V.

No sketch, o valor da tensão (`voltage`) é calculado dividindo o valor lido (`reading`) por `204.6`. Esse valor de 204.6 corresponde a 1023 (leitura analógica máxima) dividido por 5 (tensão máxima). A função **Serial.print** é usada para enviar mensagens ao Monitor Serial sem iniciar uma nova linha, o que só acontece quando **Serial.println** é usada. Cada uso de `\t` nas mensagens permite obter um avanço e parada de tabulação, permitindo que os números fiquem alinhados.

» Conclusão

Isso conclui o nosso capítulo a respeito dos fundamentos de entrada e saída de sinais no Arduino. No próximo capítulo, examinaremos alguns dos recursos disponibilizados pela biblioteca padrão do Arduino.

CAPÍTULO 7

A biblioteca padrão do Arduino

É nesta biblioteca que vivem as guloseimas. Até agora você se limitou a usar apenas um mínimo da linguagem C. O que você realmente precisa é de um grande conjunto de funções que você possa usar em seus sketches.

Você já encontrou algumas dessas funções, tais como **pinMode**, **digitalwrite** e **analogWrite**, mas na realidade há muitas outras. São funções que você pode usar para realizar operações matemáticas, gerar números aleatórios, manipular bits, detectar pulsos em um pino de entrada e usar algo denominado interrupção.

OBJETIVOS DE APRENDIZAGEM

» Ajudar a descobrir outras funções diponíveis na biblioteca padrão.
» Entender a função Random.
» Conhecer as funções matemáticas mais usadas.
» Aprender a realizar manipulação de bits.
» Entender algumas funções que ajudam a realizar atividades de entrada e saída.
» Aprender a usar interrupções para estruturar a realização de diversas tarefas simultâneas.

A linguagem do Arduino é baseada em uma biblioteca mais antiga denominada Wiring, que complementa uma outra biblioteca denominada Processing. A biblioteca Processing é muito similar à Wiring, mas se baseia na linguagem Java em vez de na C e é usada no seu computador para fazer a conexão com o Arduino através do cabo USB. De fato, o IDE de Arduino que você executa em seu computador é baseado em Processing. Se você estiver com vontade de escrever uma interface para se comunicar com um Arduino, com um visual especial, então dê uma olhada em Processing (www.processing.org).

>> Números aleatórios

Apesar das situações inesperadas que ocorrem com muitas pessoas quando estão trabalhando com um PC, na realidade os computadores são muito previsíveis. Às vezes, pode ser útil deliberadamente tornar imprevisível o Arduino. Por exemplo, você pode querer construir um robô que faça uma caminhada "aleatória" (randômica) em um quarto. Ele avança em uma direção durante um tempo aleatório, gira um número aleatório de graus e vai em frente novamente. Ou, usando um Arduino, você pode pensar em construir um dado de jogar que mostra números aleatórios entre um e seis.

A biblioteca padrão do Arduino fornece um recurso que faz exatamente isso. É a função denominada **random** (aleatório). A função **random** retorna um **int** e pode ter um ou dois argumentos. Se ela for chamada usando um argumento, então o número aleatório que ela fornecerá estará entre zero e o valor do argumento que foi fornecido menos um.

Por outro lado, se ela for chamada com dois argumentos, ela produzirá um número aleatório que está entre o primeiro argumento (inclusive) e o segundo argumento menos um. Assim, **random(1,10)** produz um número aleatório que está entre um e nove.

O sketch 7-01 produz números entre um e seis, os quais são enviados ao Monitor Serial.

```
//sketch 7-01

void setup()
{
  Serial.begin(9600);
}

void loop()
{
  int number = random(1, 7);
  Serial.println(number);
 delay(500);
}
```

Se você carregar (upload) esse sketch para o Arduino e abrir o Monitor Serial, você verá algo como a Figura 7.1.

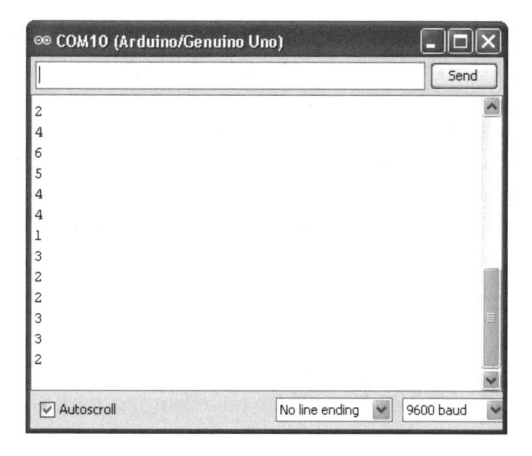

```
                    ┌─ COM10 (Arduino/Genuino Uno)  ─□×┐
                    │ │                           Send │
                    │ 2                                │
                    │ 4                                │
                    │ 6                                │
                    │ 5                                │
                    │ 4                                │
                    │ 4                                │
                    │ 1                                │
                    │ 3                                │
                    │ 2                                │
                    │ 2                                │
                    │ 3                                │
                    │ 3                                │
                    │ 2                                │
                    │ ☑ Autoscroll  No line ending  9600 baud │
                    └──────────────────────────────────┘
```

Figura 7.1 >> Números aleatórios.

Depois de executar o sketch algumas vezes, você provavelmente se surpreenderá ao ver que a série de números "aleatórios" gerada é sempre a mesma

Na realidade, a saída não é exatamente aleatória. Os números são denominados *pseudoaleatórios* porque sua distribuição é semelhante à distribuição de números realmente aleatórios. Isto é, se você executasse esse sketch e obtivesse um milhão de números, as quantidades de uns, dois, três e assim por diante, obtidas por você seriam iguais ou muito próximo da igualdade. Os números não são aleatórios no sentido de serem imprevisíveis. De fato, ser imprevisível é algo contrário à natureza de um microcontrolador. Os microcontroladores não podem ser aleatórios a não ser que haja alguma intervenção vinda do mundo real.

Para que a sequência de números seja menos previsível, você deve fornecer uma *seed* (semente, em inglês) ao gerador de números aleatórios. Basicamente, para cada valor diferente de *seed*, você terá uma sequência diferente. Mas, pensando um pouco, você verá que mesmo assim não podemos usar **random** para fornecer sementes ao gerador de números aleatórios. Um truque muito usado baseia-se no fato (discutido no capítulo anterior) de que a tensão em uma entrada analógica está continuamente flutuando. Assim, você pode usar o valor da tensão lido em uma entrada analógica como semente para o gerador de números aleatórios.

A função que faz isso é denominada **randomSeed** (semente aleatória). O sketch 7-02 mostra como você pode obter mais aleatoriedade do seu gerador de números aleatórios.

```
//sketch 7-02

void setup()
{
  Serial.begin(9600);
  randomSeed(analogRead(0));
}

void loop()
```

```
{
  int number = random(1, 7);
  Serial.println(number);
  delay(500);
}
```

Aperte algumas vezes o botão de Reset. Você verá como a sequência aleatória é diferente em cada vez.

Esse tipo de geração de números aleatórios não pode ser usado para fazer apostas em nenhum tipo de loteria. Para conseguir uma geração bem melhor de números aleatórios, você precisaria utilizar algum recurso de hardware. A geração de números aleatórios por hardware costuma se basear em eventos aleatórios, como por exemplo, os raios cósmicos.

>> Funções matemáticas

Algumas vezes, você precisará fazer operações matemáticas mais complexas do que as operações aritméticas elementares do Arduino. Nesse caso, quando for necessário, você pode contar com uma biblioteca que está disponível com um grande número de funções matemáticas. As mais úteis estão resumidas na tabela seguinte:

Função	Descrição	Exemplo
abs	Retorna o valor sem sinal do seu argumento.	abs(12) retorna 12 abs(-12) retorna 12
constrain	Restrição aplicada a um número evitando que caia fora dos limites de um intervalo. O primeiro argumento é o número que sofrerá restrição. O segundo argumento é o início do intervalo e o terceiro argumento é o final do intervalo de valores que o número pode assumir.	constrain(8, 1, 10) retorna 8 constrain(11, 1, 10) retorna 10 constrain(0, 1, 10) retorna 1
map	Toma um número que está dentro de uma faixa de valores e o converte proporcionalmente em um outro número que está dentro de outra faixa de valores. O primeiro argumento é o número que será convertido. O segundo e terceiro argumentos são os extremos da faixa de valores dentro da qual se encontra o primeiro argumento. Os dois últimos números são os extremos da faixa de valores dentro da qual se encontra o valor convertido. Essa função é útil quando se deseja mudar a faixa de valores de uma entrada analógica.	map(x, 0, 1023, 0, 5000)
max	Retorna o maior dos dois argumentos.	max(10, 11) retorna 11

Função	Descrição	Exemplo
min	Retorna o menor dos dois argumentos.	**min(10, 11) retorna 10**
pow	Retorna o primeiro argumento elevado ao expoente dado pelo segundo argumento.	**pow(2, 5) retorna 32**
sqrt	Retorna a raiz quadrada de um número.	**sqrt(16) retorna 4**
sin, cos, tan	Executa funções trigonométricas. Elas não são muito usadas.	
log	Usado, por exemplo, para calcular a temperatura a partir de um termistor logarítmico..	

>> Manipulação de bits

Um bit é um dígito de informação binária que pode ser 0 ou 1 (falso ou verdadeiro). A palavra *bit* é uma contração de *binary digit* (dígito binário). Na maior parte do tempo, você trabalha com variáveis do tipo **int** que usam 16 bits. Se tudo que você precisasse fosse armazenar um valor que se limitasse a ser verdadeiro ou falso (1 ou 0), um bit seria suficiente, então seria realmente um desperdício de bits usar um **int**. Na realidade, a menos que você estivesse trabalhando com pouca memória, você veria que desperdiçar bits não seria um problema quando pensasse no grande esforço que seria necessário para criar um código, de difícil compreensão, que não desperdiçasse bits. No entanto, algumas vezes pode ser muito útil aprender a armazenar seus dados de forma compacta.

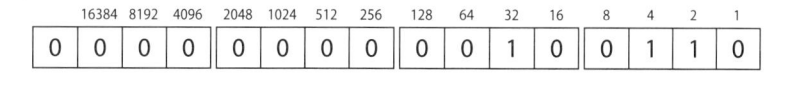

16384	8192	4096	2048	1024	512	256	128	64	32	16	8	4	2	1
0	0	0	0	0	0	0	0	0	1	0	1	1	1	0

$$32 + 4 + 2 = 38$$

Figura 7.2 >> Um valor int de 16 bits.

Cada bit individual de **int** pode ser pensado como tendo um peso correspondente a um valor decimal. Podemos encontrar o valor decimal do **int** somando os pesos de todos os bits que são 1. Assim, na Figura 7.2, o valor decimal de **int** é 38 (32 + 4 + 2). Por outro lado, quando trabalhamos com números negativos, a situação fica mais complicada. Um **int** é negativo quando seu bit mais à esquerda é 1.

Na realidade, quando pensamos em bits individuais, o uso de valores decimais não funciona muito bem. Para um número decimal, como 123, é muito difícil imaginar quais bits serão 1 quando queremos representá-lo na forma de um **int**. Por essa razão, os programadores usam frequentemente algo denominado representação *hexadecimal*, ou, simplesmente *hex*. Hex é um número de base 16. Nessa representação, em vez de ter apenas os dígitos de 0 a 9, você tem mais seis dígitos extras, de A até F. Isso significa que cada dígito hex corresponde a quatro bits. A tabela seguinte mostra as relações existentes entre as representações decimal, hex e binária para os números 0 a 15:

Decimal	Hex	Binário (Quatro Dígitos)
0	0	0000
1	1	0001
2	2	0010
3	3	0011
4	4	0100
5	5	0101
6	6	0110
7	7	0111
8	8	1000
9	9	1001
10	A	1010
11	B	1011
12	C	1100
13	D	1101
14	E	1110
15	F	1111

Podemos ver que, em hex, qualquer **int** pode ser representado como uma sequência de dígitos hex, correspondendo cada um a quatro bits. Por exemplo, o número binário 10001100 é 8C em hex. A linguagem C tem uma sintaxe especial para o uso de números hex. Para definir um **int** representado em hex, você deverá antepor o prefixo '0x', como se mostra a seguir:

```
int x = 0x8C;
```

Além de usar a notação hex para os números, você também pode usar a notação binária usando o prefixo '0b'. Por exemplo, o binário correspondente a hex 0x8C pode ser escrito diretamente em binário como:

```
0b10001100
```

A biblioteca padrão do Arduino fornece algumas funções que permitem manipular individualmente cada um dos 16 bits dentro de **int**. A função **bitRead** (ler bit) retorna o valor de um bit que ocupa uma dada posição em um **int**. Por exemplo, no caso seguinte, o valor 0 é atribuído à variável de nome **bit**:

```
int x = 0x8C; // 10001100
int bit = bitRead(x, 0);
```

O segundo argumento de **bitRead(x, 0)** define a posição do bit que será lido em **x**. As posições dos bits vão de 0 até 15, começando com o bit menos significativo, bem à direita. Portanto, indo da direita para a esquerda, a posição do primeiro bit é 0, a do próximo bit é 1, e assim por diante até a posição 15 do bit mais significativo.

Como seria de esperar, o oposto de **bitRead** é o comando **bitWrite** (escrever bit), que usa três argumentos. O primeiro é o número a ser manipulado, o segundo é a posição do bit e o terceiro é o valor do bit. O exemplo seguinte muda o valor de **int x** de 2 para 3 (em decimal ou hex):

```
int x = 0b10;         //10 em binário  ou 2 em decimal e hex
bitWrite(x, 0, 1);    // o valor 1 é escrito na posição 0 de x
                      // resultando 11 (ou 3 em decimal e hex)
```

≫ Entrada e saída avançadas

Quando você precisa realizar várias atividades de entrada e saída, há algumas funções simples que podem facilitar a sua vida.

≫ Geração de som

A função **tone** (som) permite a geração de um sinal de onda quadrada em um dos pinos digitais de saída (veja a Figura 7.3). O motivo mais comum para usar essa função é a produção de um som audível em um alto-falante ou um sinalizador sonoro (buzzer).

A função pode ter dois ou três argumentos. O primeiro argumento é sempre o número do pino em que é produzido o sinal sonoro, o segundo argumento é a frequência do sinal sonoro em hertz (Hz) e o terceiro argumento, opcional, é a duração do sinal sonoro. Se a duração não for especificada, então o sinal sonoro será produzido continuamente, como é o caso do sketch 7-03. É por essa razão que colocamos a função **tone** no **setup** e não na função **loop**.

```
//sketch 7-03

void setup()
```

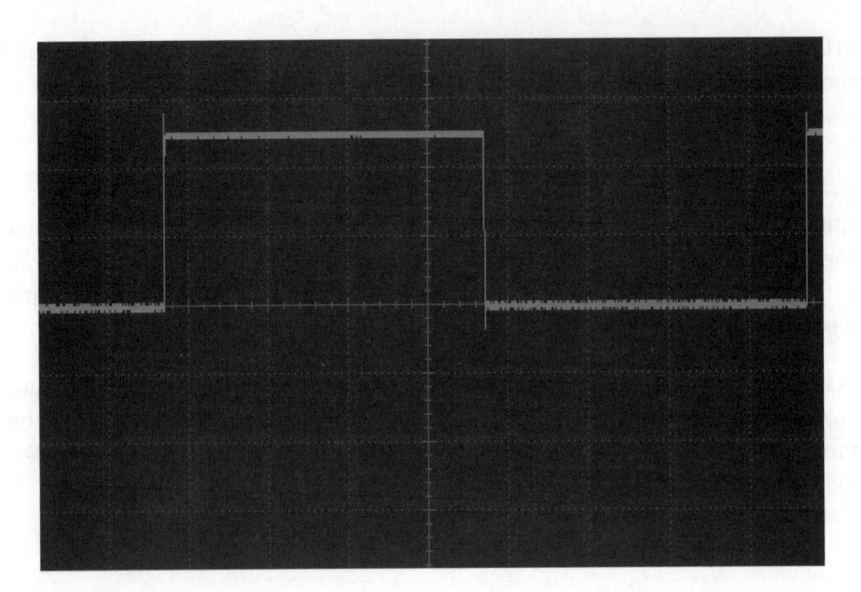

Figura 7.3 >> Um sinal de onda quadrada.

```
{
  tone(4, 500);
}

void loop() {}
```

Para interromper um som que está sendo gerado, você usa a função **noTone** (nenhum som). Essa função tem apenas um argumento, que é o pino em que o sinal sonoro está sendo produzido.

>> Alimentando registradores deslocadores

Algumas vezes, o Arduino não tem a quantidade necessária de pinos. Por exemplo, quando um grande número de LEDs deve ser acionado, uma técnica comum consiste em usar um chip com um registrador deslocador (shift register). Esse chip lê os bits de um dado, um bit de cada vez, e quando termina de ler todos os bits ele os armazena de uma só vez em um conjunto de saídas (uma saída para cada bit).

Para usar essa técnica, há uma função bem útil denominada **shiftOut**. (deslocamento-saída). Ela tem quatro argumentos:

- O número do pino de saída para o bit que será enviado do Arduino para o registrador.
- O número do pino que será usado para o pulso de relógio. Sempre que ocorrer um pulso nesse pino, um bit válido estará sendo enviado para o registrador.

- Um flag (um sinalizador) para determinar se os bits serão enviados iniciando primeiro (first) pelo bit menos significativo ou pelo bit mais significativo. Isso é definido por uma das constantes **MSBFIRST** (bit mais significativo primeiro) ou **LSBFIRST** (bit menos significativo primeiro).*

- O byte de dado que será enviado.

Interrupções

Umas das coisas que tendem a frustrar os programadores de sistemas de grande porte é que o Arduino só pode fazer uma coisa de cada vez. Se você gosta de executar diversas tarefas ao mesmo tempo em seus programas, então você está sem sorte. Em geral, para as aplicações que são comumente implementadas com o Arduino, não há necessidade dessa capacidade. Contudo, algumas pessoas desenvolvem projetos que podem executar muitas tarefas ao mesmo tempo. O mais próximo que um Arduino consegue chegar dessa forma de execução é usando interrupções.

Dois dos pinos digitais do Arduino (pinos 2 e 3) podem funcionar como pinos de interrupção. Isso significa que cada um desses pinos pode atuar como uma entrada que, ao receber um sinal que obedeça a certas especificações, fará o Arduino interromper o que estiver fazendo para chamar uma função específica para atender essa interrupção.

O sketch 7-04 faz um LED piscar, mas o período desse pisca-pisca muda quando uma interrupção é recebida. Você pode simular uma interrupção conectando um fio entre os pinos D2 e GND e usando o resistor interno de pull-up para manter a entrada de interrupção normalmente em nível alto.

```
//sketch 7-04

const int interruptPin = 2;
const int ledPin = 13;
int period = 500;

void setup()
{
  pinMode(ledPin, OUTPUT);
  pinMode(interruptPin, INPUT_PULLUP);
  attachInterrupt(0, goFast, FALLING);
}

void loop()
```

---

*N. de T.: Em inglês, bit mais significativo é Most Significant Bit (MSB) e bit menos significativo é Least Significant Bit (LSB)

```
{
  digitalWrite(ledPin, HIGH);
  delay(period);
  digitalWrite(ledPin, LOW);
  delay(period);
}

void goFast()
{
  period = 100;
}
```

Nesse sketch, a linha principal da função **setup** é a seguinte:

```
attachInterrupt(0, goFast, FALLING);
```

O primeiro argumento especifica qual das duas interrupções você deseja usar. Um 0 significa que você quer usar o pino 2 e um 1, o pino 3.

O segundo argumento é o nome da função que deverá ser chamada quando ocorrer uma interrupção e o terceiro argumento é uma constante que especifica o modo de interrupção, podendo ser **CHANGE** (mudança), **RISING** (para cima) ou **FALLING** (para baixo). A Figura 7.4 resume essas opções.

Se o modo de interrupção for **CHANGE** (mudança), então uma interrupção será disparada quando ocorrer uma mudança de nível do tipo **RISING** (para cima), passando de 0 para 1, ou quando ocorrer uma mudança de nível do tipo **FALLING** (para baixo), passando de 1 para 0.

Você pode desabilitar as interrupções usando a função **noInterrupts** (nenhuma interrupção). Isso impedirá todas as interrupções em ambos os pinos de interrupção. Você pode habilitar novamente as interrupções usando a função **interrupts** (interrupções).

Os pinos usados para interrupção variam de acordo com o tipo de Arduino. Se você não estiver usando um Arduino Uno, verifique a documentação referente ao seu Arduino em http://www.arduino.cc.

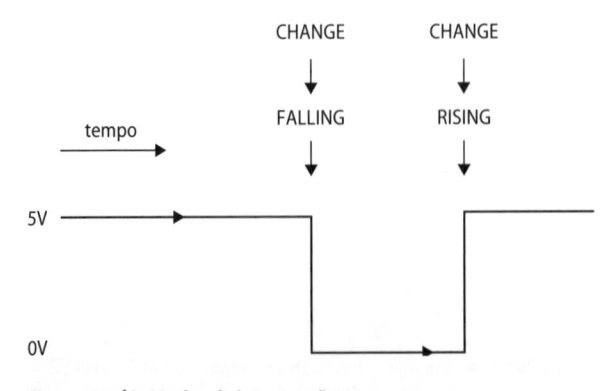

Figura 7.4 >> Modos de interrupção.

>> Conclusão

Neste capítulo, você viu alguns dos recursos práticos disponibilizados pela biblioteca padrão do Arduino. Esses recursos lhe pouparão trabalho de programação. Se há uma coisa que um bom programador gosta, é usar os trabalhos bem feitos já realizados por outras pessoas.

No próximo capítulo, iremos ampliar o que aprendemos no Capítulo 5 sobre as estruturas de dados. Veremos também como, após desligar o Arduino, você pode conservar os dados.

CAPÍTULO 8

Armazenamento de dados

Quando você atribui valores às variáveis, esses dados são conservados na memória somente enquanto a placa do Arduino estiver ligada. No momento em que você desligá-lo ou der reset, todos os dados serão perdidos.

Neste capítulo, iremos examinar algumas maneiras de conservar esses dados.

OBJETIVOS DE APRENDIZAGEM

- » Aprender maneiras de armazenar dados depois de desligar o Arduino.
- » Aprender a armazenar dados na memória flash.
- » Aprender a usar a memória EEPROM para armazenar dados permanentes que podem ser alterados.
- » Aprender o modo mais eficiente de representar os dados quando eles são maiores que o espaço disponível.

>> Constantes

Se os dados que você desejar armazenar são sempre os mesmos, então você poderá simplesmente inicializar os dados toda vez que o Arduino começar a executar um sketch. Um exemplo dessa abordagem é o caso do array de letras do seu tradutor de código Morse do Capítulo 5 (sketch 5-05).

Você usou o seguinte código para definir um array com tamanho correto e preenchê-lo com os dados que seriam necessários:

```
char *letters[] =
{
  ".-", "-...", "-.-.", "-..", ".", "..-.", "--.", "....", "..",    // A-I
  ".---", "-.-", ".-..", "--", "-.", "---", ".--.", "--.-", ".-.",   // J-R
  "...", "-", "..-", "...-", ".--", "-..-", "-.--", "--.."           // S-Z
};
```

Talvez você ainda lembre que, depois de fazer os cálculos, você viu que ainda restava espaço para ser usado nos magros 2K de memória RAM. Entretanto, se o espaço disponível de memória tivesse sido menor, teria sido melhor armazenar esses dados nos 32K de memória flash usados para armazenar programas. Para fazer isso, você pode usar uma diretiva denominada **PROGMEM** que faz parte de uma biblioteca e cujo uso é bem complicado.

>> Armazenando dados em memória flash

Para armazenar os dados na memória flash, você tem que incluir a biblioteca **pgmspace** no seu sketch como segue:

```
#include <avr/pgmspace.h>
```

A finalidade desse comando é dizer ao compilador que neste sketch usaremos essa biblioteca. Uma biblioteca é um conjunto de funções que alguém escreveu e que você pode usar em seus sketches sem necessidade de conhecer todos os detalhes de funcionamento dessas funções.

Quando você usa essa biblioteca, a palavra-chave **PROGMEM** e a função de leitura **pgm_read_word** (pgm ler palavra) estão disponíveis. Elas serão usadas nos sketches seguintes.

Essa biblioteca está incluída no software do Arduino e é oficialmente suportada. Na Internet, você encontrará essas bibliotecas oficiais e muitas outras não oficiais, que foram desenvolvidas por pessoas como você e que podem ser usadas por outras pessoas. Essas bibliotecas não oficiais devem ser instaladas no seu IDE de Arduino. No Capítulo 11, você aprenderá mais sobre essas bibliotecas e também verá como escrever as suas próprias bibliotecas.

Quando você usa o atributo **PROGMEM**, você deve se assegurar de que serão usados tipos especiais de dados compatíveis com **PROGMEM**. Infelizmente, entre esses tipos especiais, não há array contendo arrays de tamanhos variáveis do tipo **char**. Entretanto, é possível usar um array contendo arrays **char** desde que esses arrays tenham tamanho fixo. O programa completo que veremos é muito similar ao sketch 5-05 do Capítulo 5. Você pode abrir o sketch 8-01 no IDE e acompanhar as diferenças que explicarei a seguir.

Há uma nova constante denominada **maxLen** (maximum length, ou comprimento máximo). Essa constante especifica o tamanho do caractere que contém o número máximo de pontos e traços acrescentado de mais um, incluindo assim o caractere nulo de terminação de string.

A estrutura de dados que conterá as letras será a seguinte:

```
PROGMEM const char letters[26][maxLen] =
{
  ".-", "-...", "-.-.", "-..", ".", "..-.", "--.", "....", "..",   // A-I
  ".---", "-.-", ".-..", "--", "-.", "---", ".--.", "--.-", ".-.", // J-R
  "...", "-", "..-", "...-", ".--", "-..-", "-.--", "--.."         // S-Z
};
```

O atributo **PROGMEM** indica que essa estrutura de dados deve ser armazenada em memória flash. Você só pode armazenar constantes como essas. Uma vez na memória flash, a estrutura de dados não será alterada, por isso o uso de **const**. O tamanho do array é especificado como sendo de 26 letras em que cada letra contém **maxLen** (menos 1) pontos e traços.

A função **loop** também é ligeiramente diferente da usada no sketch 5-05.

```
void loop()
{
  char ch;
  char sequence[maxLen];
  if (Serial.available() > 0)
  {
    ch = Serial.read();
    if (ch >= 'a' && ch <= 'z')
    {
      memcpy_P(&sequence, letters[ch - 'a'], maxLen);
      flashSequence(sequence);
    }
    else if (ch >= 'A' && ch <= 'Z')
    {
      memcpy_P(&sequence, letters[ch - 'A'], maxLen);
      flashSequence(sequence);
    }
    else if (ch >= '0' && ch <= '9')
    {
```

```
            memcpy_P(&sequence, numbers[ch - '0'], maxLen);
            flashSequence(sequence);
        }
        else if (ch == ' ')
        {
            delay(dotDelay * 4);      // intervalo entre palavraas
        }
    }
}
```

Os dados se assemelham a um array de strings, mas na realidade eles estão armazenados internamente na memória flash de tal forma que só podem ser acessados por uma função especial denominada **memcpy_P**. Essa função copia os dados da memória flash em um array do tipo **char** de nome **sequence** que é inicializado com **maxLen** caracteres.

O caractere **&** antes de **sequence** permite que **memcpy_P** modifique os dados contidos no array de caracteres **sequence.**

Eu não listei o sketch 8-01 aqui, porque é um tanto longo, mas você pode carregá-lo e verificar que ele trabalha do mesmo modo que a versão baseada em RAM.

Além de criar dados nessa forma especial, você também deverá ter um modo especial para ler os dados de volta. Para que seu código obtenha a string com o código Morse de uma letra, você terá que modificar o sketch ficando como segue:

```
strcpy_P(buffer, (char*)pgm_read_word(&(letters[ch - 'a'])));
```

Esse comando usa uma variável de nome **buffer**, em que uma string com atributo **PROGMEM** é copiada podendo ser usada como um array **char** comum. Para isso, é necessário definir uma variável global, como se mostra a seguir:

```
char buffer[6];
```

Esse modo funcionará apenas se os dados forem constantes – isto é, não mudarem enquanto o sketch estiver sendo executado. Na próxima seção, você aprenderá a usar a memória EEPROM, cuja finalidade consiste em armazenar dados permanentes que podem ser alterados.

Se você tiver strings individuais que, por exemplo, estão formatadas como mensagens a serem exibidas no Monitor Serial, então você poderá utilizar um recurso útil e simples que a linguagem C do Arduino oferece. Você pode simplesmente usar a string como argumento do comando **F()**, como vemos no seguinte exemplo:

```
Serial.println(F("Hello World"));
```

A string será armazenada na memória flash liberando espaço na memória RAM.

>> EEPROM

O ATMega328, que está no coração do Arduino Uno, tem um quilobyte de EEPROM (Electrically-Erasable Programmable Read-Only Memory).* Uma EEPROM é projetada para conservar o seu conteúdo por muitos anos. Na realidade, apesar do nome, a memória não é só de leitura, podemos escrever nela realmente.

Os comandos de Arduino usados para ler e escrever na EEPROM são tão trabalhosos como os usados antes com **PROGMEM**. Em uma EEPROM, você deve ler ou escrever um byte de cada vez.

O exemplo do sketch 8-02 permite que você forneça o código de uma letra usando o Monitor Serial. O sketch memoriza a letra e a envia para ser exibida no Monitor Serial. Isso é feita uma vez por segundo. Se você entrar com uma nova letra, o processo se repetirá.

```
// sketch 8-02
#include <EEPROM.h>

int addr = 0;
char ch;

void setup()
{
  Serial.begin(9600);
  ch = EEPROM.read(addr);
}

void loop()
{
  if (Serial.available() > 0)
  {
    ch = Serial.read();
    EEPROM.write(0, ch);
    Serial.println(ch);
  }
  Serial.println(ch);
  delay(1000);
}
```

Para usar esse sketch, abra o Monitor Serial e entre com uma letra. Então, desligue e ligue novamente o Arduino. Quando você voltar a abrir o Monitor Serial, você verá que a letra foi lembrada.

---

*N. de T.: Memória Apenas de Leitura, Programável e Eletricamente Apagável.

A função **EEPROM.write** (escrever EEPROM) usa dois argumentos. O primeiro é o endereço que define a posição do dado na memória EEPROM e deve estar entre 0 e 1023. O segundo argumento é o dado que será escrito naquela posição. O tamanho desse dado deve ser de um único byte. Um caractere é representado por oito bits. Isso é bom, mas você não pode armazenar diretamente tipos de dados que ocupam mais de um byte, como um **int** de 16 bits.

» Armazenando um valor int em uma EEPROM

Para armazenar um **int** de dois bytes nas posições 0 e 1 da EEPROM, você deve fazer o seguinte:*

```
int    x = 1234;                      \\ x é um int de 16 bits ou 2 bytes
EEPROM.write(0, highByte(x));         \\ byte alto ou mais significativo
EEPROM.write(1, lowByte(x));          \\byte baixo ou menos significativo
```

As funções **highByte** (byte alto, ou byte mais significativo) e **lowByte** (byte baixo, ou byte menos significativo) são úteis para desmembrar um **int** em dois bytes.** A Figura 8.1 mostra como esse **int** está realmente armazenado na EEPROM.

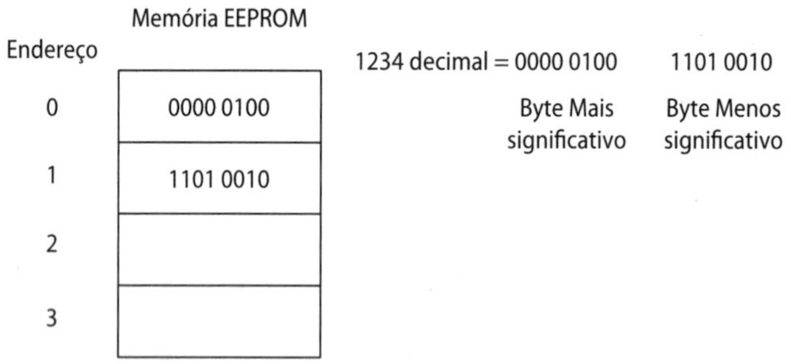

	Memória EEPROM
Endereço	
0	0000 0100
1	1101 0010
2	
3	

1234 decimal = 0000 0100   1101 0010
                Byte Mais   Byte Menos
                significativo   significativo

Figura 8.1 » Armazenando um inteiro de 16 bits em uma EEPROM

Para ler o **int** na EEPROM, você precisa ler dois bytes e reconstruir o **int** como segue:

```
byte high = EEPROM.read(0);      \\ byte mais significativo
byte low  = EEPROM.read(1);      \\ byte menos significativo
int x = (high << 8) + low;
```

---

*N. de T.: Quando representamos inteiros de 16 bits, estamos armazenando dois bytes de 8 bits cada um: temos o byte mais significativo e o menos significativo. O byte mais significativo é também denominado *high* (alto) e o menos significativo, *low* (baixo).
N. de T.: A função **highByte extrai o byte mais significativo de um **int** e a **lowByte**, o byte menos significativo.

O operador << é um operador de deslocamento de bits que move o byte da variável high para o local correspondente ao byte mais significativo de **int x** e em seguida o byte da variável low é adicionado.*

» Usando a biblioteca AVR EEPROM

O modo oficial do Arduino usar uma EEPROM funciona bem quando você está usando bytes isolados. Entretanto, como você já viu com as variáveis do tipo **int**, isso se torna mais complicado quando você precisa usar tipos de dados que ocupam diversos bytes, como no caso do tipo **float** (4 bytes). Felizmente, há um método alternativo que usa uma das bibliotecas que o próprio Arduino utiliza, denominada biblioteca AVR EEPROM. Ela permite que você leia e escreva tantos dados quantos couberem na sua EEPROM usando comandos simples.

O exemplo do sketch 8-03 utiliza essa biblioteca para escrever e, em seguida, ler um **int**.

```
// sketch 08-03

#include <avr/eeprom.h>

void setup()
{
  Serial.begin(9600);
  int i1 = 123;
  eeprom_write_block(&i1, 0, 2);   \\ (escrever bloco na eeprom)
  int i2 = 0;
  eeprom_read_block(&i2, 0, 2);    \\ (ler bloco da eeprom)
  Serial.println(i2);
}

void loop()
{
}
```

Na realidade, essa biblioteca já faz parte do IDE do Arduino. Portanto, não há necessidade de instalá-la, simplesmente a inclua no início do sketch. A função que permite escrever na EEPROM é denominada **eeprom_write_block** (escrever bloco na eeprom) e, como o nome sugere, ela escreve um bloco de memória na EEPROM. Seu primeiro parâmetro é uma referência ao endereço da variável. Nesse caso, **i1** recebe o valor 123. Há um **&** na frente de **i1**, já que a função espera que o parâmetro seja uma referência ao endereço onde se encontra a

---

*N. de T.: A variável *high* e a variável *low* têm ambas um byte e a variável *x* tem dois bytes. O deslocamento faz o byte *high* ocupar o byte mais significativo de *x* enquanto a parte menos significativa é zerada. Depois da adição, o byte *low* ocupará o byte menos significativo de *x*, resultando um int *x* de dois bytes.

variável **i1** na memória do Arduino e não o valor da variável. O segundo parâmetro é o byte inicial na EEPROM a partir do qual o bloco deve ser escrito e o terceiro parâmetro é o número de bytes que deverão ser escritos (2 no caso de um **int**).

Ler um valor da EEPROM e armazená-lo em uma variável na RAM (**i2**) é um espelhamento do processo anterior de escrever usando os mesmos parâmetros. A função que permite ler um bloco da EEPROM é a **eeprom_read_block** (ler bloco da eeprom).

» Armazenando um valor float em uma EEPROM

Armazenar um **float** em EEPROM usando a biblioteca AVR EEPROM é semelhante a armazenar um **int**, como podemos ver no sketch 8-04.

```
// sketch 08-04

#include <avr/eeprom.h>

void setup()
{
  Serial.begin(9600);
  float f1 = 1.23;
  eeprom_write_block(&f1, 0, 4);
  float f2 = 0;
  eeprom_read_block(&f2, 0, 4);
  Serial.println(f2);
}

void loop()
{
}
```

A diferença principal está em que, desta vez, o terceiro parâmetro de **eeprom_write_block** e **eeprom_read_block** é 4 (4 bytes no caso de **float**) e não 2 (2 bytes como no caso de **int**).

» Armazenando uma string em uma EEPROM

Para ler e armazenar strings de caracteres na EEPROM é melhor usar a biblioteca AVR EEPROM. O sketch 8-05 ilustra essas operações com um exemplo que lê e armazena senhas em uma EEPROM. O sketch começa exibindo a senha que foi lida da EEPROM e em seguida exibe uma mensagem para você fornecer uma nova senha (Figura 8.2). Depois de fornecer a senha, você pode desligar o Arduino desconectando o cabo USB. Quando você ligá-lo e abrir o IDE novamente, você verá que a antiga senha permanece lá.

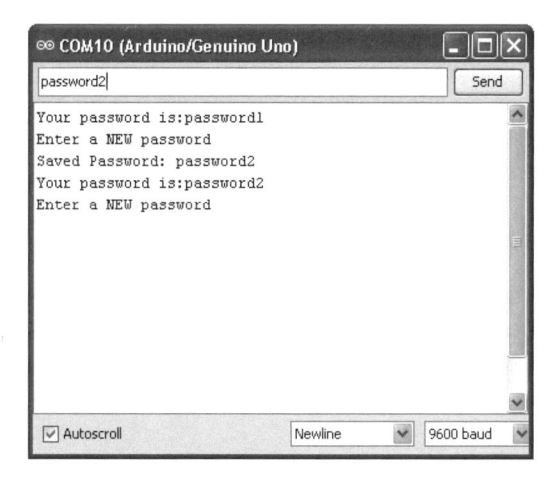

Figura 8.2 >> Exibindo senhas lidas e escritas em EEPROM.

```
// sketch 08-05

#include <avr/eeprom.h>

const int maxPasswordSize = 20;      // Tamanho máximo de senha

char password[maxPasswordSize];      // array password para a senha

void setup()
{
  eeprom_read_block(&password, 0, maxPasswordSize);
  Serial.begin(9600);
}

void loop()
{
  Serial.print("Your password is:");      // "Sua senha é:"
  Serial.println(password);
  Serial.println("Enter a NEW password"); // "Forneça uma NOVA senha"
  while (!Serial.available()) {};
  int n = Serial.readBytesUntil('\n', password, maxPasswordSize);
  password[n] = '\0';
  eeprom_write_block(password, 0, maxPasswordSize);
  Serial.print("Saved Password: ");        // "Senha armazenada:"
  Serial.println(password);
}
```

O array de caracteres **password** (senha) tem um tamanho fixo de 20 caracteres incluindo o caractere '\0', indicador de término de string. Na função **setup**, os conteúdos da EEPROM, a partir da posição 0, são lidos e armazenados no array **password**.

A função **loop** exibe mensagens e, em seguida, o laço de **while** espera, sem fazer nada, até que chegue uma comunicação serial de resposta com uma senha. Isso é indicado pela função **Serial.available**, quando ela retorna um valor maior que 0. A função **readBytesUntil** (ler bytes até) lerá caracteres da senha até encontrar o caractere '\n', indicador de término de linha.* Os bytes que forem lidos serão armazenados diretamente no array **password** do tipo **char**. Além disso, a função **readBytesUntil** fornece o número de caracteres lidos que, nesse caso, é armazenado em **n**.

Não sabemos de que tamanho é a senha. Entretanto, como sabemos quantos caracteres da senha foram lidos (**n**), podemos armazenar o valor '\0' no elemento **n** de **password** para marcar o término da string. Finalmente, a nova senha é exibida no Monitor Serial para confirmar a mudança de senha.

>> Limpando os conteúdos de uma EEPROM

Quando você faz o carregamento (upload) de um novo sketch, lembre-se de que a EEPROM não é limpa. Você ainda poderá encontrar valores que foram armazenados por um sketch anterior. O sketch 8-06 limpa todo o conteúdo da EEPROM preenchendo-a com zeros.

```
// sketch 8-06
#include <EEPROM.h>

void setup()
{
  Serial.begin(9600);
  Serial.println("Clearing EEPROM");     // "Limpando EEPROM"
  for (int i = 0; i < 1024; i++)
  {
    EEPROM.write(i, 0);
  }
  Serial.println("EEPROM Cleared");      // "EEPROM Limpa"
}

void loop()
{
}
```

Tenha em conta também que você pode escrever em um endereço de EEPROM apenas 100.000 vezes antes que o processo de armazenamento deixe de ser confiável. Portanto, só escreva um valor quando for realmente necessário. Uma EEPROM também é bem lenta. Para escrever um byte, são necessários aproximadamente 3 milissegundos.

---

*N. de T.: Não confundir esse término de linha ('\n') com o término de string ('\0').

Compressão

Quando você guarda dados em uma EEPROM ou quando você usa **PROGMEM**, você verá que algumas vezes você tem mais dados para armazenar do que espaço disponível. Quando isso acontece, vale a pena descobrir qual é o modo mais eficiente de representar os dados permitindo uma compactação ou compressão de dados.

Compressão de faixa

Você pode ter um variável do tipo **int** (2 bytes) ou **float** (4 bytes). Por exemplo, para representar uma temperatura em graus na escala Celsius, você talvez precise de um **float** como 20.25. Se você fosse armazená-lo na EEPROM, o procedimento seria mais fácil se você pudesse se limitar a usar um byte apenas. Além disso, você poderia armazenar mais dados se não usasse **float**.

Uma maneira de fazer isso é mudando os dados antes de armazená-los. Lembre-se de que um byte permite armazenar um número positivo entre 0 e 255. Assim, se para você for suficiente representar a temperatura arredondando-a para o grau inteiro mais próximo na escala Celsius, então você poderá simplesmente converter o **float** em um **int** descartando a parte fracionária depois do ponto decimal. O exemplo seguinte mostra como fazer isso:

```
int tempInt = (int)tempFloat;
```

A variável **tempFloat** contém um valor do tipo **float**. O comando **(int)** é denominado um *type cast* e é usado para converter uma variável de um tipo em outro compatível. Nesse caso, o *type cast* converte o **float** 20.25 (por exemplo) em um **int**, simplesmente truncando a parte fracionária do número e ficando apenas com a parte inteira 20.

Se a temperatura máxima que lhe interessa é 60 graus na escala Celsius e que a temperatura mínima é 0 graus, então você poderá multiplicar cada temperatura por 4 antes de convertê-la em um byte, salvando-a em seguida. Quando você lê o dado de volta da EEPROM, você o divide por 4 para obter um valor que tem uma precisão de 0.25.

No exemplo de código seguinte, sketch 8-07, essa temperatura é armazenada na EEPROM e em seguida é lida de volta, sendo exibida no Monitor Serial como demonstração:

```
//sketch 8-07

#include <EEPROM.h>

void setup()
{
  float tempFloat = 20.75;
  byte tempByte = (int)(tempFloat * 4);
```

```
    EEPROM.write(0, tempByte);

    byte tempByte2 = EEPROM.read(0);
    float temp2 = (float)(tempByte2) / 4;
    Serial.begin(9600);
    Serial.println("\n\n\n");
    Serial.println(temp2);
}

void loop()
{
}
```

Há outros meios de fazer compactação ou compressão de dados. Por exemplo, se você estiver fazendo leituras que variam muito lentamente – leituras de temperatura são um bom exemplo disso – então você pode registrar a primeira temperatura com o máximo de precisão e, a partir daí, registrar apenas a variação (diferença) de temperatura entre uma leitura e a seguinte. Essa variação normalmente será pequena e ocupará poucos bytes.

>> Conclusão

Agora você já conhece o básico para que seus dados fiquem preservados depois de desligar o Arduino. No próximo capítulo, você verá os displays.

CAPÍTULO 9

Displays

Neste capítulo, você verá como se pode escrever software para controlar displays LCD. A Figura 9.1 mostra os dois tipos de display que usaremos. O primeiro é um shield de display LCD alfanumérico. O segundo é um display OLED gráfico de 128 × 64 pixels. Esses dois tipos populares de display são muito usados com o Arduino.

Este é um livro sobre software e não hardware, mas neste capítulo teremos que explicar um pouco do funcionamento da eletrônica desses displays para compreendermos melhor como acioná-los.

OBJETIVOS DE APRENDIZAGEM

» Entender um pouco do funcionamento da eletrônica dos displays para saber como acioná-los.
» Aprender a usar algumas funções da biblioteca de LCD.

Figura 9.1 >> Um shield de display LCD alfanumérico (esquerda) e um display OLED gráfico (direita).

>> Displays LCD alfanuméricos

O módulo LCD que usaremos é um shield de Arduino, que é encaixado em cima de uma placa de Arduino. Além do display, ele também tem alguns botões. Há muitos shields diferentes, mas a grande maioria usa o mesmo chip controlador de LCD (o HD44780). Sendo assim, procure utilizar um shield que use esse chip controlador.

Eu usei o LCD Keypad Shield da DFRobot para Arduino. Esse módulo fornecido pela DFRobot (www.dfrobot.com) é barato e contém um display LCD de 16 caracteres por 2 linhas e também tem seis botões de pressão.

O shield vem montado, de modo que não há necessidade de soldagem. Você simplesmente o encaixa em cima da placa do Arduino (veja a Figura 9.2).

O shield LCD usa sete dos pinos do Arduino para controlar o display LCD e um pino analógico para os botões. Assim, esses pinos não poderão ser utilizados para nenhuma outra finalidade.

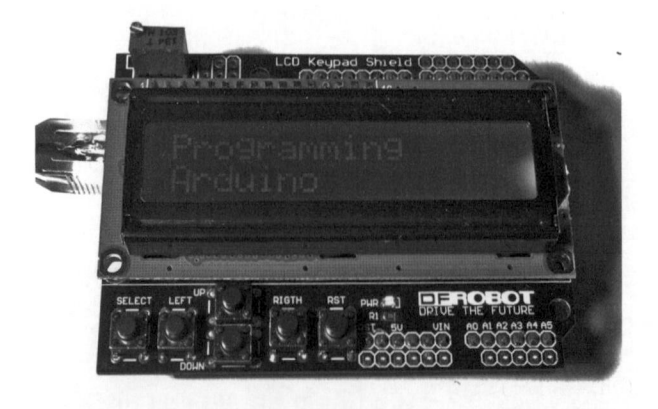

Figura 9.2 >> Um shield de LCD acoplado a uma placa de Arduino.

>> Uma placa USB de mensagens

Como exemplo simples de utilização do display, faremos uma placa USB de mensagens. Esse módulo exibirá mensagens enviadas pelo Monitor Serial.

O IDE do Arduino vem com uma biblioteca para LCD. Isso simplifica bastante o processo de usar um display LCD. A biblioteca fornece funções úteis que podem ser usadas por você:

- **clear** limpa o display, deixando-o sem nenhum texto.
- **setCursor** define a posição onde aparecerá o próximo caractere que você quer mostrar. A posição é dada por uma coluna e uma linha. A contagem de linhas e colunas começa em 0.
- **print** escreve uma string nessa posição.

A seguir, temos a listagem do sketch 9-01 desse exemplo:

```
// sketch 9-01 Placa USB de Mensagens

#include <LiquidCrystal.h>

// lcd(RS, E, D4, D5, D6, D7)
LiquidCrystal lcd(8, 9, 4, 5, 6, 7);
int numRows = 2; // número de linhas (rows)
int numCols = 16; // número de colunas


void setup()
{
  Serial.begin(9600);
  lcd.begin(numRows, numCols); // Número de linhas e colunas
  lcd.clear();                 // Limpa o display
  lcd.setCursor(0,0);          // Cursor bem à esquerda na primeira linha
  lcd.print("Arduino");        // Exibe "Arduino"
  lcd.setCursor(0,1);          // Cursor bem à esquerda na segunda linha
  lcd.print("Rules");          // Exibe "Rules"
}

void loop()
{
  if (Serial.available() > 0)
  {
    char ch = Serial.read();
    if (ch == '#')
    {
      lcd.clear();
    }
    else if (ch == '/')
```

```
    {
      // new line            // nova linha
      lcd.setCursor(0, 1);
    }
    else
    {
      lcd.write(ch);
    }
  }
}
```

Como em todas as aplicações do Arduino, você deve começar incluindo a biblioteca para que o compilador saiba que ela está disponível.

A próxima linha define quais pinos do Arduino serão usados pelo shield e para que finalidade. Se você usar um outro shield, poderá acontecer que os pinos usados sejam diferentes. Portanto, verifique na documentação desse shield como usar os pinos.

Neste caso, os seis pinos usados para controlar o display são os pinos de saída digital 4, 5, 6, 7, 8 e 9. A finalidade de cada um desses pinos está descrita na Tabela 9.1.

Tabela 9.1 >> **Atribuições de pinos para o shield de LCD**

Parâmetros para LCD()	Pino do Arduino	Finalidade
RS	8	Register Select (Seleção de Registrador). Esse pino é ajustado para 1 ou 0, dependendo se o Arduino está enviando dados de caractere ou de instrução. Uma instrução, por exemplo, pode fazer o cursor piscar.
E	9	Enable (Habilita). A saída desse pino apresenta um pulso para dizer que os dados dos quatro pinos seguintes estão prontos para serem lidos.
Data 4	4	Esses quatro pinos são usados para transferir dados. O chip controlador do LCD usado pelo shield pode operar com dados de oito ou quatro bits. O shield usado aqui trabalha com quatro bits. Nesse caso, os bits 4–7 são usados em vez de 0–7.
Data 5	5	
Data 6	6	
Data 7	7	

A função **setup** é simples. Você inicia a comunicação serial para que o Monitor Serial possa enviar comandos e inicializar a biblioteca LCD com as dimensões (linhas e colunas) do display que será usado. Você também exibirá a mensagem "Arduino Rules" ("Regras do Arduino") em duas linhas, colocando primeiro o cursor no ponto mais à esquerda da linha de cima, e mandando exibir a mensagem "Arduino". Em seguida, você move o cursor para o início da segunda linha e manda exibir "Rules".

A maior parte da ação ocorre na função **loop**, a qual continuamente verifica se há algum caractere chegando do Monitor Serial. O sketch lida com os caracteres um a um.

Além dos caracteres comuns que o sketch exibe, há também dois caracteres especiais. Se o caractere for um #, então o sketch limpa o display inteiro e, se o caractere for um /, o sketch vai para a segunda linha. Em caso contrário, o sketch simplesmente exibe o caractere na posição corrente do cursor usando **write**. A função **write** é como **print**, mas exibe apenas um caractere em vez de uma string de caracteres.

>> Usando o display

Experimente o sketch 9-01 fazendo o carregamento (upload) para a placa e em seguida encaixando o shield. Lembre-se de que você deve sempre desligar eletricamente a placa do Arduino (desconectando o cabo USB, por exemplo) antes de conectar um shield.

Abra o Monitor Serial e experimente escrever o texto mostrado na Figura 9.3.

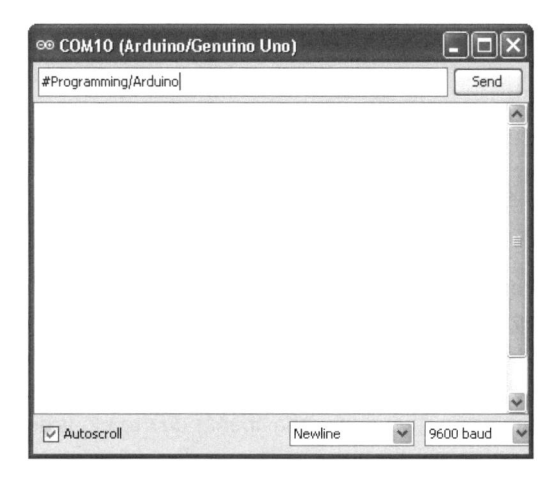

Figura 9.3 >> Enviando comandos ao display.

>> Outras funções da biblioteca LCD

Além das funções que você já utilizou neste exemplo, há diversas outras:

- **home** é o mesmo que **setCursor(0,0)**: ela move o cursor para a posição mais à esquerda da linha de cima.

- **cursor** exibe o cursor.
- **noCursor** especifica que o cursor não deve ser exibido.
- **blink** faz o cursor piscar.
- **noBlink** faz o cursor parar de piscar.
- **noDisplay** desliga o display sem remover o conteúdo.
- **display** volta a ligar o display após um **noDisplay**.
- **scrollDisplayleft** todo o texto do display é deslocado (scroll) de uma posição de caractere para a esquerda (left).
- **scrollDisplayright** todo o texto do display é deslocado (scroll) de uma posição de caractere para a direita (right).
- **autoscroll** ativa um modo no qual, à medida que novos caracteres são acrescentados na posição do cursor, o texto existente é deslocado (scroll) no sentido determinado pela função **leftToRight** (esquerda para direita) ou **rightToLeft** (direita para esquerda).
- - **noAutoscroll** desliga o modo **autoscroll**.

›› Displays OLED gráficos

Os displays OLED (Organic Light-Emitting Diode, ou Diodo Emissor de Luz Orgânico) são de alto brilho e nitidez e estão substituindo rapidamente os displays LCD em aparelhos de consumo. O tipo de OLED descrito aqui usa o barramento de interface I2C e é acionado pelo chip SD1306. Eles podem ser comprados de fornecedores como eBay, Adafruit e muitos outros na Internet. Procure um dispositivo que tenha apenas quatro pinos de interface porque são mais fáceis de usar.

A Figura 9.4 mostra um Arduino Uno conectado a um display de 0,96 polegadas. Esses displays têm uma resolução de 128 × 64 pixels e são monocromáticos – no caso, azul.

›› Conectando um display OLED

Você pode conectar o display OLED ao Arduino por meio de cabos "jumpers" macho-fêmea de conexão. Eles podem ser facilmente adquiridos on-line de muitos fornecedores, incluindo

Figura 9.4 ›› Um Arduino Uno e um display OLED.

a Adafruit (produto 825) e outros no mercado nacional. Você deverá fazer as seguintes conexões:

- GND do display a GND do Arduino.
- VCC do display a 5V do Arduino.
- SCL do display a SCL do Arduino. Para ver o pino no Arduino, veja a Figura 9.5.
- SDA do display a SDA do Arduino (veja igualmente a Figura 9.5).

A sigla I2C refere-se a um barramento serial padrão comumente usado para conectar sensores e displays a microcontroladores como o Arduino.* Além dos pinos de alimentação elétrica positiva e GND, ele usa um pino de dados (SDA) e um pino de clock (SCK) para se comunicar com o microcontrolador enviando dados seriais, bit a bit.

›› Software

O sketch 9-02 conta segundos até 9999 e então é inicializado (reset), retornando a 0. Antes de fazer o carregamento (upload) do sketch para o Arduino, você precisa descobrir qual é o endereço I2C do display. Será na forma de um número hexadecimal (hex), que costuma estar

---

*N. de T.: O autor trata detalhadamente do barramento I2C em seu segundo livro de programação de Arduino, a saber: MONK, S. **Programação com Arduino II**: passos avançados com Sketches. Porto Alegre: Bookman, 2015. 260 p. (Série Tekne).

Figura 9.5 >> Identificando os pinos SCL e SDA em um Arduino Uno.

escrito na parte de trás do display OLED. Muitos displays OLED de baixo custo adquiridos no eBay costumam usar o endereço 0x3c.

Você também precisará instalar algumas bibliotecas antes para que o sketch possa ser compilado. Elas podem ser importadas diretamente através do Gerenciador de Bibliotecas do IDE do Arduino. Abra o Gerenciador de Bibliotecas selecionando no menu as opções Sketch → Incluir Biblioteca → Gerenciar Bibliotecas ... Então, percorra as opções na janela até encontrar "Adafruit GFX Library". Em seguida, selecione-a e clique em "Instalar" (Figura 9.6). A seguir, faça o mesmo com a biblioteca "Adafruit SSD1306". O sketch também necessitará das bibliotecas SPI e Wire, mas elas já foram instaladas por *"default"* no IDE do Arduino.*

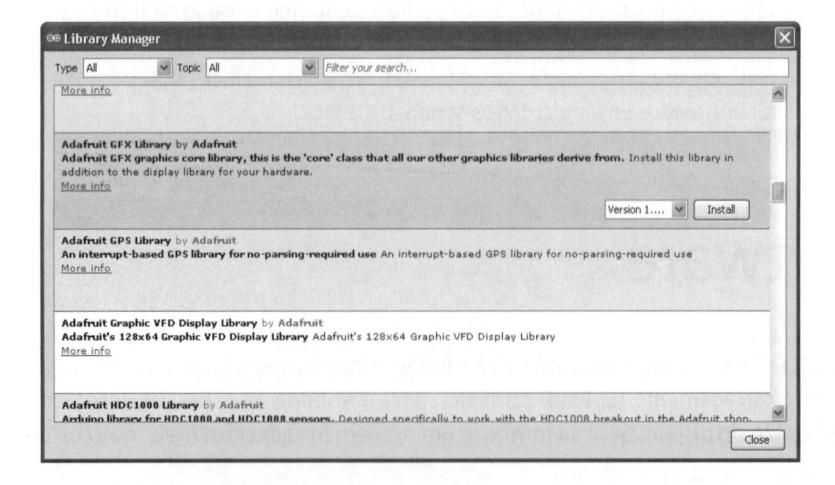

Figura 9.6 >> Instalando as bibliotecas Adafruit.

---

*N. de T.: Se você não encontrar essas bibliotecas no seu IDE de Arduino, talvez você tenha que atualizá-lo com uma versão mais recente. Neste texto, está sendo usada a versão 1.8.0.

```
// sketch 9_02

#include <SPI.h>
#include <Wire.h>
#include <Adafruit_GFX.h>
#include <Adafruit_SSD1306.h>

Adafruit_SSD1306 display(4);                    // escolha um pino sem uso

void setup()
{
  display.begin(SSD1306_SWITCHCAPVCC, 0x3c); // talvez tenha que mudar isso
  display.setTextSize(4);
  display.setTextColor(WHITE);
}

void loop()
{
  static int count = 0;
  display.clearDisplay();
  display.drawRoundRect(0, 0, 127, 63, 8, WHITE);
  display.setCursor(20,20);
  display.print(count);
  display.display();
  count ++;
  if (count > 9999)
  {
    count = 0;
  }
  delay(1000);
}
```

O sketch começa incluindo as bibliotecas de que necessitará e, em seguida, uma variável **display** é inicializada. O parâmetro fornecido refere-se ao pino de "reset" opcional que alguns displays OLED possuem (incluindo os fornecidos pela Adafruit). Se o display não tiver o pino "reset", então forneça um pino que não esteja ligado a nada. Nesse caso, eu escolhi o pino 4.

A função **setup** inicializa o display sendo talvez necessário mudar o endereço I2C de 0x3c para um valor diferente, como foi mencionado no início desta seção. A seguir, a função **setup** define o tamanho da fonte como 4 (grande) e a cor do texto como branco (qualquer cor menos preto será exibida com a cor do LED).

A função **loop** limpa o display, desenha um retângulo com cantos arredondados, ajusta a posição do cursor e exibe o valor da contagem. Na realidade, o display não é atualizado até que o comando **display.display()** seja executado. A seguir, a variável **count** (contagem) é incrementada e há um retardo de um segundo.

A biblioteca Adafruit GFX fornece rotinas que você pode utilizar com o display gráfico para exibir muitos tipos diferentes de desenhos. Você encontrará documentação para essa biblioteca no site https://learn.adafruit.com/adafruit-gfx-graphics-library.

>> Conclusão

Você pode ver que a programação de shields não é difícil, particularmente quando há uma biblioteca que faz a maior parte do trabalho.

No próximo capítulo, você usará um Arduino para se conectar à sua rede local e à Internet.

CAPÍTULO 10

Programando o Arduino para a Internet das Coisas

A Internet das Coisas (IoT – Internet of Things) consiste na ideia de que dispositivos irão se conectar entre si através da Internet, numa quantidade extraordinária e crescente. Isso não significa simplesmente mais e mais computadores e seus navegadores, mas coisas reais, como celulares, tablets, eletrodomésticos, roupas, etc. Estão incluídos todos os tipos de automação residencial, desde iluminação e eletrodomésticos inteligentes até sistemas de segurança, e mesmo dispositivos para alimentação de animais de estimação operados pela Internet, assim como muitos projetos de pouca aplicação prática, porém muito divertidos.

OBJETIVOS DE APRENDIZAGEM

» Conhecer brevemente as possibilidades da Internet das Coisas.
» Conhecer um pouco sobre HTTP e HTML.
» Aprender a usar um shield de Ethernet permitindo que o Arduino funcione como servidor de web.
» Aprender a realizar requisições de web para acessar serviços disponíveis na Internet.

Os Arduinos são utilizados no desenvolvimento de muitos projetos IoT. Para isso, usamos um Arduino especializado ou um shield apropriado para fornecer os recursos de rede que nos permitirão medir e controlar coisas através de uma rede local ou da Internet. A interface com a rede deve ter a forma de uma conexão Ethernet (com cabo) ou WiFi (sem fio).

Neste capítulo, iremos explorar um Arduino acoplado a um shield de Ethernet, assim como a placa WiFi ESP8266 que está se tornando cada vez mais popular e que pode ser programada com a linguagem C do Arduino a um baixíssimo custo (veja a Figura 10.1). No primeiro caso, também poderíamos usar a placa EtherTen da Freetronics que contém um Arduino em combinação com um shield de Ethernet.

Usando dois tipos de placa, você aprenderá a colocar em funcionamento um servidor local de web e a realizar requisições de web* para acessar serviços disponíveis na Internet. Finalmente, descreveremos brevemente outras opções, como o Particle Photon e o Arduino Yun.

Figura 10.1 >> Da esquerda para a direita: placas Arduino Uno com shield de Ethernet; EtherTen e Node MCU ESP8266.

>> Comunicação com servidores de web

Antes de ver como o Arduino lida com a comunicação entre um navegador e o servidor de web que está sendo acessado, você precisa conhecer algumas coisas sobre HyperText Transfer Protocol (HTTP) e HyperText Markup Language (HTML).

---

*N. de T.: Quando você acessa alguma página da Web usando um navegador (browser), o seu navegador internamente envia uma requisição (request) utilizando algum protocolo de comunicação (HTTP é um dos mais usados) para detalhar o que deseja do servidor.

>> HTTP

O HyperText Transfer Protocol (HTTP) é o método usado pelos navegadores de web para se comunicar com um servidor de web.

Quando você visita uma página da web, o navegador que você está utilizando envia uma requisição ao servidor onde se encontra aquela página dizendo o que você deseja. Na maioria das vezes, essa requisição solicita simplesmente o conteúdo de uma página descrita em HTML. O servidor de web está sempre prestando atenção a essas requisições e, quando recebe uma, ele a processa. Nesse caso simples, o processamento da requisição significa enviar ao Arduino a página HTML que foi especificada por você no sketch e requisitada pelo Arduino durante a execução do sketch.

>> HTML

A HyperText Markup Language (HTML) é uma maneira de definir um texto qualquer juntamente com informações de formatação. Dessa forma, o texto ficará visualmente bem apresentado quando o navegador o exibir. Por exemplo, o seguinte código em HTML produz a página mostrada na Figura 10.2:

```
<html>
  <body>
    <h1>Programming Arduino</h1>
    <p>A book about programming Arduino</p>
  </body>
</html>
```

A HTML contém o que denominamos tags (etiquetas ou rótulos). As tags ocorrem aos pares: uma tag de abertura e a respectiva tag de fechamento. Uma tag de abertura consiste em um < seguido de um nome de tag e terminando com um >, como, por exemplo, **<html>**. A correspondente tag de fechamento é similar, exceto que tem um / após o <. No exemplo anterior, a primeira tag de abertura é **<html>** e a correspondente tag de fechamento é **</html>**. Entre uma tag de abertura e a de fechamento podem ocorrer outros pares de tags. É o que ocorre no exemplo acima com a tag de abertura denominada **<body>** (corpo) e a respectiva tag de fechamento **</body>**. Todas as páginas da web devem começar com essas tags e as correspondentes tags de fechamento podem ser vistas no fim do arquivo. Observe que você deve colocar as tags na ordem correta de modo que, por exemplo, a tag **body** seja fechada antes da tag **html**.

Agora, examinemos um trecho em particular desse código HTML, aquele localizado no meio e envolvido pelas tags **h1** e **p**. Essas tags especificam o conteúdo que será exibido e como isso se dará.

As tags **h1** definem um cabeçalho (header) de nível 1. O efeito é que o texto contido entre elas será exibido em negrito, com tamanho grande (nível 1). As tags **p** são tags de parágrafo, fazendo com que todo o texto contido entre elas seja exibido em uma nova linha.

Isso mal arranha a superfície dos tópicos de HTML. Há muitos recursos de Internet e livros que estão disponíveis para quem quiser aprender HTML.

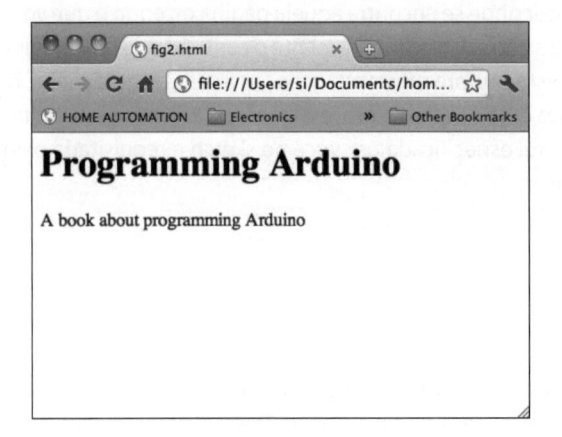

Figura 10.2 >> Um exemplo de HTML.

>> Arduino Uno como servidor de web

No nosso primeiro exemplo de sketch, usaremos um Arduino, um shield de Ethernet e a sua rede local para construir um servidor simples de web. Definitivamente, ele não tem o porte de um servidor Google, mas permitirá que, usando o navegador do seu computador, você envie uma requisição de web para o Arduino e veja os resultados no navegador. Uma alternativa ao uso de um Arduino Uno e de um shield de Ethernet é a placa EtherTen da Freetronics, a qual combina ambos, o Uno e o shield, em uma única placa compatível com o Uno e o shield.

Antes de carregar (upload) o sketch 10-01, você talvez tenha que fazer uma alteração no sketch. Se você olhar na parte inicial do sketch, você verá as seguintes linhas especificando o endereço **mac** que será atribuído ao Arduino:

```
byte mac[] = { 0xDE, 0xAD, 0xBE, 0xEF, 0xFE, 0xED };
```

O endereço **mac** do Arduino deve ser diferente dos endereços **mac** de todos os demais dispositivos que estiverem conectados à sua rede.

Usando o cabo USB, conecte o Arduino ao seu computador e carregue (upload) o sketch. Agora, você pode desconectar o cabo USB. Em seguida, conecte o cabo da fonte de alimentação elétrica e o cabo Ethernet.

Abra o Monitor Serial no IDE do Arduino e você verá algo como o mostrado na Figura 10.3, na qual se vê o endereço de IP que foi atribuído ao Arduino por sua rede.* Usando seu navegador, vá para esse endereço de IP e você deverá ver uma página de web como a mostrada na Figura 10.4.

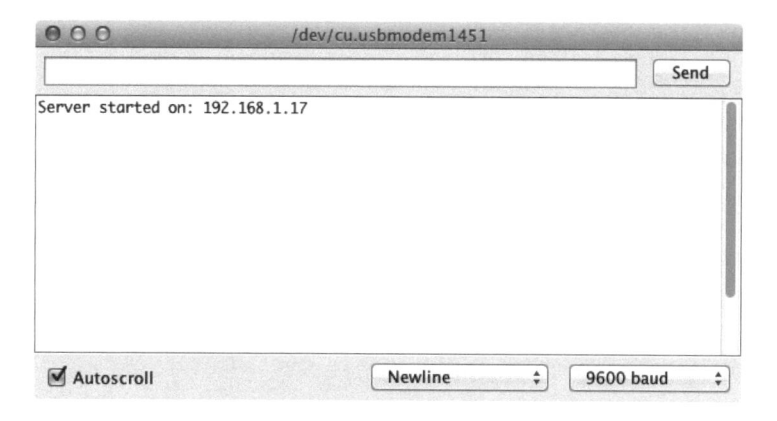

Figura 10.3 >> Encontrando o endereço IP de seu Arduino.

Figura 10.4 >> Um exemplo simples de servidor com Arduino.

A listagem do sketch 10-01 é a seguinte:

```
//sketch 10-01                        Exemplo de servidor simples
#include <SPI.h>
```

---

*N. de T.: Se isso não ocorrer, experimente inicializar o Arduino apertando o botão de RESET no canto esquerdo superior próximo do conector USB. Não há necessidade de carregar novamente (Upload) o sketch.

```
#include <Ethernet.h>


// O endereço MAC deve ser único. O seguinte deve funcionar:
byte mac[] = { 0xDE, 0xAD, 0xBE, 0xEF, 0xFE, 0xED };

EthernetServer server(80);

void setup()
{
  Serial.begin(9600);
  Ethernet.begin(mac);
  server.begin();
  Serial.print("Server started on: ");      //"Servidor começou em:"
  Serial.println(Ethernet.localIP());       //valor do IP atribuído
                                            //pela rede local)
}

void loop()
{
  // aguardando pela chegada de requisições de clientes

  EthernetClient client = server.available();
  if (client)
  {
    while (client.connected())
    {
      // envie uma resposta com um cabeçalho HTTP padrão

      client.println("HTTP/1.1 200 OK");
      client.println("Content-Type: text/html");
      client.println();


      // envie o corpo (body) do arquivo HTML

      client.println("<html><body>");
      client.println("<h1>Arduino Server</h1>");
      client.print("<p>A0=");
      client.print(analogRead(0));
      client.println("</p>");
      client.print("<p>millis=");
      client.print(millis());
      client.println("</p>");
      client.println("</body></html>");
      client.stop();
    }
    delay(1);
  }
}
```

Assim como aconteceu com a biblioteca LCD discutida no Capítulo 9, uma biblioteca padrão do Arduino se encarrega da interface com o shield de Ethernet.

A função **setup** inicializa a biblioteca Ethernet usando o endereço de **mac** que você definiu antes no sketch. Após a conexão ser estabelecida e sua rede ter recebido um endereço IP, esse endereço será exibido no Monitor Serial, como mostrado na Figura 10.3, de modo que você poderá saber para onde apontar seu navegador.

A função **loop** é responsável por atender a todas as requisições que estão chegando ao servidor oriundas de um navegador. Se uma requisição estiver esperando por uma resposta, então quando chamarmos **server.available** (servidor disponível) teremos como retorno um cliente. Um cliente é um objeto. Você aprenderá mais sobre o que isso significa no Capítulo 11. Por enquanto, tudo que você precisa saber é se há um cliente esperando (teste feito pelo primeiro comando **if**). A seguir, chamando **cliente.connected**, você poderá determinar se ele está conectado ao servidor de web.

As três próximas linhas de código enviam um cabeçalho (header) de retorno. Isso simplesmente diz ao navegador qual é o tipo de conteúdo que será exibido. Nesse caso, o navegador mostrará um conteúdo HTML.

Depois do envio do cabeçalho, tudo o que falta fazer é enviar o código HTML ao navegador. Isso deve incluir as tags **<html>** e **<body>** e também as tags de cabeçalho **<h1>** e de parágrafo **<p>**, que exibirão o valor da entrada analógica A0 e o valor retornado pela função **millis**. Este valor é o número de milissegundos decorridos desde que o Arduino foi inicializado (reset) pela última vez.

Finalmente, **client.stop** (cliente parar) diz ao navegador que a mensagem está completa e o navegador exibirá a página.

Em uma seção mais adiante neste mesmo capítulo, repetiremos esse exemplo usando WiFi e uma placa ESP8266 em vez da placa Ethernet.

» Arduino controlado pela web

Este segundo exemplo de como usar um shield de Ethernet permite que os pinos digitais 3 a 7 sejam ligados ou desligados usando um formulário web (web form).

Diferentemente do servidor simples do exemplo anterior, agora você deverá encontrar um modo de passar ao Arduino o que você deseja fazer com seus pinos, ligando ou desligando-os.

Para isso, usaremos o método denominado *posting data* (postagem de dados) que é parte do protocolo padrão HTTP. Para que esse método funcione, você deverá construir o mecanismo de *posting* dentro da especificação HTML, de modo que o Arduino envie dados do tipo HTML ao navegador para que este exiba os dados na forma de um formulário (form). O formulário (mostrado na Figura 10.5) permite, para cada pino, que você faça uma escolha entre ligado

(On) e desligado (Off). A seguir, essas escolhas são confirmadas através de um botão de Atualização (Update) para que os valores selecionados sejam enviados ao Arduino.

Quando o botão de Update é pressionado, uma segunda requisição é enviada ao Arduino. Ela será como a primeira requisição, exceto que a requisição conterá parâmetros com os valores On ou Off (1 ou 0) de cada pino.

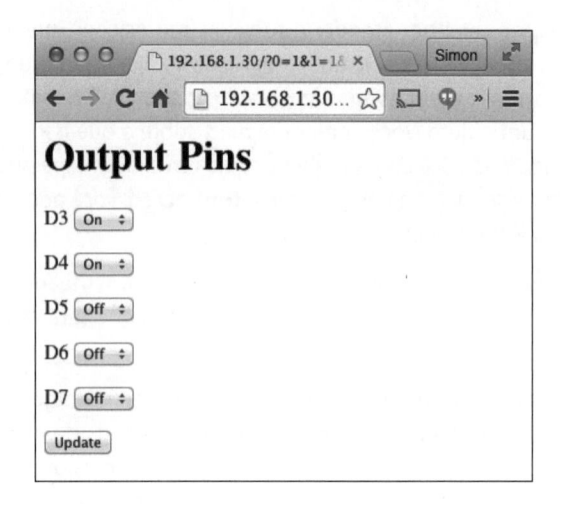

Figura 10.5 >> A interface de web para os pinos de saída (Output Pins) do Arduino.

Conceitualmente, um parâmetro de requisição é similar a um parâmetro de função. Um parâmetro de função permite que você passe informação a uma função, tal como o número de vezes que um LED deve piscar. Um parâmetro de requisição permite que você passe dados ao Arduino, que fará o processamento da requisição. Quando o Arduino recebe a requisição de web, ele pode extrair os valores On ou Off (1 ou 0) de cada pino e atualizar as saídas desses pinos a partir dos parâmetros da requisição.

O código para o sketch do segundo exemplo é o seguinte:

```
// sketch 10-02 Pinos de Internet

#include <SPI.h>
#include <Ethernet.h>

// O endereço MAC deve ser único. O seguinte deve funcionar:
byte mac[] = { 0xDE, 0xAD, 0xBE, 0xEF, 0xFE, 0xED };

EthernetServer server(80);

int numPins = 5;
```

```
int pins[] = {3, 4, 5, 6, 7};        // pinos de saída
int pinState[] = {0, 0, 0, 0, 0};    // estado de cada pino
char line1[100];

void setup()
{
  for (int i = 0; i < numPins; i++)
  {
    pinMode(pins[i], OUTPUT);
  }
  Serial.begin(9600);
  Ethernet.begin(mac);
  server.begin();
  Serial.print("Server started on: ");
  Serial.println(Ethernet.localIP());
}

void loop()
{
  EthernetClient client = server.available();
  if (client)
  {
    while (client.connected())
    {
      readHeader(client);
      if (! pageNameIs("/"))
      {
        client.stop();
        return;
      }
      client.println("HTTP/1.1 200 OK");
      client.println("Content-Type: text/html");
      client.println();

      // envie o corpo (body) do arquivo HTML ao navegador
      client.println("<html><body>");
      client.println("<h1>Output Pins</h1>");
      client.println("<form method='GET'>");
      setValuesFromParams();
      setPinStates();
      for (int i = 0; i < numPins; i++)
      {
        writeHTMLforPin(client, i);
      }
      client.println("<input type='submit' value='Update'/>");
      client.println("</form>");
```

```
      client.println("</body></html>");

      client.stop();
    }
  }
}

void writeHTMLforPin(EthernetClient client, int i)
{
  client.print("<p>D");
  client.print(pins[i]);
  client.print("<select name='");
  client.print(i);
  client.println("'>");
  client.print("<option value='0'");
  if (pinState[i] == 0)
  {
    client.print(" selected");
  }
  client.println(">Off</option>");
  client.print("<option value='1'");
  if (pinState[i] == 1)
  {
    client.print(" selected");
  }
  client.println(">On</option>");
  client.println("</select></p>");
}

void setPinStates()
{
  for (int i = 0; i < numPins; i++)
  {
    digitalWrite(pins[i], pinState[i]);
  }
}

void setValuesFromParams()
{
  for (int i = 0; i < numPins; i++)
  {
    pinState[i] = valueOfParam(i + '0');
  }
}

void readHeader(EthernetClient client)
```

```
{
  // leia primeira linha do cabeçalho
  char ch;
  int i = 0;
  while (ch != '\n')
  {
    if (client.available())
    {
      ch = client.read();
      line1[i] = ch;
      i ++;
    }
  }
  line1[i] = '\0';
  Serial.println(line1);
}

boolean pageNameIs(char* name)
{
  // o nome da página começa com o caractere da
  // posição 4 e termina com espaço
  int i = 4;
  char ch = line1[i];
  while (ch != ' ' && ch != '\n' && ch != '?')
  {
    if (name[i-4] != line1[i])
    {
      return false;
    }
    i++;
    ch = line1[i];
  }
  return true;
}

int valueOfParam(char param)
{
  for (int i = 0; i < strlen(line1); i++)
  {
    if (line1[i] == param && line1[i+1] == '=')
    {
      return (line1[i+2] - '0');
    }
  }
  return 0;
}
```

O sketch usa dois arrays para controlar os pinos. O primeiro, **pins** (pinos), simplesmente especifica quais são os pinos usados. O array **pinState** contém o estado de cada pino: 1 ou 0 (On ou Off).

Para obter a informação vinda do formulário do navegador, especificando quais pinos devem estar ligados e quais devem estar desligados, é necessário ler o cabeçalho enviado pelo navegador. De fato, tudo o que você precisa está contido na primeira linha do cabeçalho. Você usará um array de caracteres **line1** para guardar a primeira linha do cabeçalho.

Quando o usuário está na página exibida pelo navegador, com as opções de saída, e clica no botão de Update (Atualização), o formulário é submetido e enviado ao shield de Ethernet. O URL da página exibida será algo como o seguinte:

```
http://192.168.1.30/?0=1&1=1&2=0&3=0&4=0
```

Os parâmetros da requisição estão após o **?** e cada um está separado por um **&**. O valor do primeiro parâmetro (**0=1**) significa que o primeiro pino do array (**pins[0]**) deve ter o valor 1. Se você fosse olhar a primeira linha do cabeçalho, você veria esses mesmos parâmetros:

```
GET /?0=1&1=1&2=0&3=0&4=0 HTTP/1.1
```

Na frente dos parâmetros está a expressão **GET /**. Isso especifica qual página foi solicitada pelo navegador. Nesse caso, a página solicitada é a página raiz (/).

Dentro do **loop**, a função **readHeader** (ler cabeçalho) é chamada para ler a primeira linha do cabeçalho. A seguir, você usa a função **pageNameIs** (o nome da página é) para verificar se a página solicitada é a página raiz (/).

Agora, o sketch gera o cabeçalho e a parte inicial do formulário HTML que será exibido. Antes de escrever o código HTML para cada pino, o sketch chama a função **setValuesFromParams** (ajuste os valores a partir dos parâmetros) para ler os valores a partir dos parâmetros da requisição. Para isso, cada um dos parâmetros é lido e o valor correspondente é colocado no array **pinStates**, com os estados dos pinos. A seguir, esse array é usado para definir os valores das saídas dos pinos antes que a função **writeHTMLforPin** (escrever HTML para o pino) seja chamada para cada um dos pinos. Essa função gera uma lista com as opções feitas para cada pino. Essa lista precisa ser construída passo a passo. O comando **if** assegura que as opções apropriadas sejam selecionadas.

As funções **readHeader**, **pageNameIs** e **valueOfParam** (valor do parâmetro) são funções de uso geral, úteis para você usar em seus próprios sketches.

Você poderá usar o seu multímetro como fez no Capítulo 6 para verificar se os pinos estão realmente sendo ligados ou desligados. Se você estiver com vontade de fazer coisas mais arrojadas, você poderá ainda conectar LEDs ou relés aos pinos e, desse modo, controlar coisas.

Servidor de Web com Node MCU

O ESP8266 é um sistema WiFi com microcontrolador contido em um chip, isto é, um único chip que faz praticamente tudo que faz um Arduino Uno equipado com um shield WiFi. Ele contém alguns pinos GPIO* e uma entrada analógica que pode ser programada a partir do IDE do Arduino, como se fosse uma placa oficial de Arduino.

As duas placas ou módulos mais comuns que contém o chip ESP8266 são as mostradas na Figura 10.6. São a ESP01 e a Node MCU.**

A placa ESP01 é extremamente diminuta contendo apenas dois pinos GPIO. Para ser programada, ela necessita de um programador USB-serial em separado. Por outro lado, a placa Node MCU, vista à direita na Figura 10.6, contém um chip de interface USB-serial que é usado na programação da placa, como no Arduino Uno. Essa placa também contém um conjunto bem escolhido de pinos GPIO. Para quem quer iniciar, a placa Node MCU é a melhor escolha.

O chip ESP8266 dessas placas tem aproximadamente 36KB de espaço de memória que pode ser usado em sketches (bem mais do que os 2KB do Arduino Uno). O chip ESP8266 em si não tem memória flash interna, mas a placa pode oferecer 4MB para o armazenamento de programas, como no caso do Node MCU.

Figura 10.6 >> Placas com o chip ESP8266: ESP01 (esquerda) e Node MCU (direita).

As placas com o chip ESP8266 não são placas Arduino oficiais. Na realidade, a placa Node MCU vem com seu próprio firmware que usa a linguagem Lua de programação em vez da linguagem

---

*N. de T.: *General Purpose Input Output*, ou seja, Entrada e Saída de Propósito Geral.
**N. de T.: As placas com ESP8266 estão se tornando bem populares e a disponibilidade de novas placas com recursos diversificados tem crescido.

C do Arduino. Entretanto, graças aos esforços de Sandeep Mistry, esse firmware pode ser substituído e a placa pode ser programada de modo praticamente igual ao de qualquer outra placa Arduino. Todas as placas com ESP8266 podem ser conectadas à porta serial de um Arduino e usadas para proporcionar uma interface Wifi. Por outro lado, como as placas são capazes de substituir um Arduino, faz sentido usá-las plenamente e não só para a conexão WiFi.

O primeiro passo para usar uma placa Node MCU é atualizar o software do seu IDE de Arduino de modo que esse novo tipo de placa seja incluído. Você deve estar usando no mínimo o IDE Arduino 1.8 para que as instruções abaixo funcionem corretamente.

No menu do IDE, comece abrindo a janela Arquivo e clicando em Preferências. Então, no campo "URLs Adicionais para Gerenciadores de Placas", insira o endereço de URL http://arduino.esp8266.com/stable/package_esp8266com_index.json (Figura 10.7) e dê um OK.

A seguir, abra a janela Ferramentas e leve o cursor até a opção "Placa: aqui estará o nome de uma placa". À direita, aparecerá a lista com as opções disponíveis de placa. No topo da lista, clique em "Gerenciador de Placas". Uma janela será aberta com diversos itens. Percorra os itens até encontrar o nome "esp8266 by ESP8266 Community". Clique no botão Instalar. Feche o "Gerenciador de Placas".

A partir de agora, quando você voltar a consultar a lista de placas disponíveis, você verá novas opções de placa relacionadas com o ESP8266. Em particular, interessa-nos as opções "Node MCU0.9" e "NodeMCU 1.0". Quando você comprar sua placa com ESP8266, você deverá verificar de que tipo ela é.

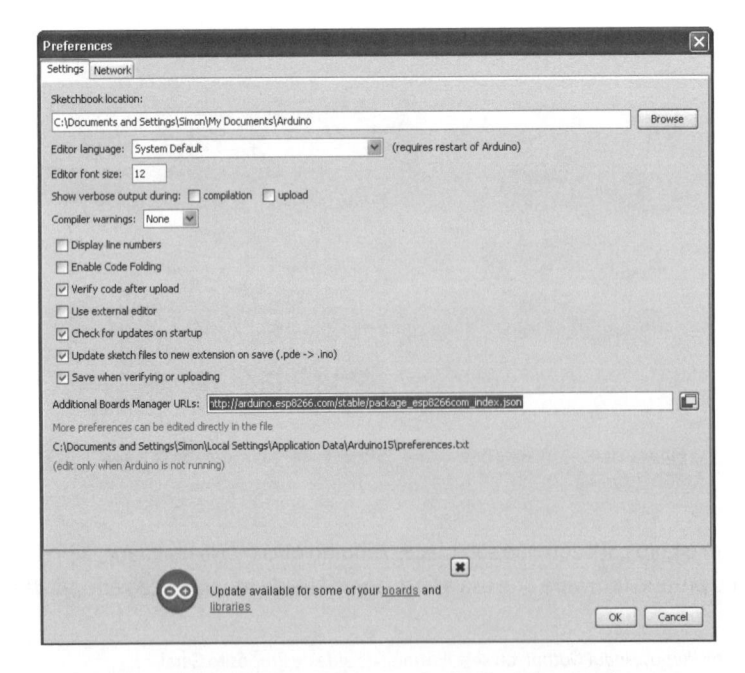

Figura 10.7 >> Inserindo o URL no Gerenciador de Placas para as placas com ESP8266.

Antes de começar a programar a placa Node MCU, você deverá instalar os drivers do chip USB-serial usado nessa placa. Esse chip é diferente do chip USB-serial do Arduino Uno. Portanto, você deverá baixar e instalar os drivers específicos dessa placa a partir de https://github.com/nodemcu/nodemcu-devkit/tree/master/Drivers e executar em seguida o programa de instalação.

Agora, você poderá programar o ESP8266. Selecione o tipo de placa e a porta de comunicação exatamente como você faria com qualquer Arduino. Entretanto, há algumas diferenças que você deve conhecer.

- Algumas vezes (nem sempre) você deverá manter pressionado o botão "Flash" antes de ligar a alimentação elétrica e somente liberá-lo alguns segundos depois. Faça isso se o carregamento (Upload) de seu sketch falhar.
- Os pinos digitais D0 a D8 da placa devem ser usados com o "D" na frente deles. Por exemplo, **pinMode(D0,OUTPUT)**. No caso de placas Arduino oficiais, esse "D" é opcional.
- A placa Node MCU tem um LED semelhante ao LED "L" do Arduino Uno, mas ele está no pino D0 e não no D13. Portanto, o sketch Blink (Pisca-Pisca) deverá ser modificado para que o pino utilizado seja D0 e não D13.
- Quando você usa uma placa Arduino oficial, não importa em que ordem você definiu as suas funções. No entanto, quando você usa uma placa Node MCU, as funções usadas nos sketches devem estar definidas antes que sejam chamadas pela primeira vez.

A biblioteca Node MCU é um pouco diferente da biblioteca padrão Arduino Ethernet. O Sketch 10-03 é uma repetição do servidor simples de web da Figura 10.4, mas usa uma placa Node MCU no lugar de um Arduino e um shield Ethernet.

```
// sketch 10-03. Servidor básico de web com Node MCU

#include <ESP8266WiFi.h>
#include <WiFiClient.h>
#include <ESP8266WebServer.h>
#include <ESP8266mDNS.h>

const char* ssid = "my-network-name";  //"nome de minha rede"
const char* password = "my_password";  //"minha senha"

ESP8266WebServer server(80);

void handleRoot()
{
  String message = "<html><body>\n";
  message += "<h1>Arduino Server</h1>\n";
  message += "<p>A0=";
  message += analogRead(A0);
  message += "</p>";
  message += "<p>millis=";
```

```
  message += millis();
  message += "</p>";
  message += "</html></body>\n";
  server.send(200, "text/html", message);
}


void connectToWiFi()
{
  Serial.print("\n\nConnecting to ");
  Serial.println(ssid);
  WiFi.begin(ssid, password);
  while (WiFi.status() != WL_CONNECTED)
  {
    delay(500);
    Serial.print(".");
  }
  Serial.println("\nWiFi connected");
  Serial.print("IP address: ");
  Serial.println(WiFi.localIP());
}

void setup()
{
  Serial.begin(115200);
  connectToWiFi();

  server.on("/", handleRoot);

  server.begin();
  Serial.println("HTTP server started"); //"Servidor HTTP iniciou"
}

void loop()
{
  server.handleClient();
}
```

Na realidade, o código para a placa Node MCU é estruturado de modo diferente do código para o Arduino e o shield Ethernet, que foi visto no sketch 10-01. Enquanto no código para o Arduino e o shield Ethernet tínhamos um endereço MAC (Mac address), aqui no código para a Node MCU temos constantes para **ssid** (nome da rede wireless) e **password** (senha). Em vez de criar uma variável do tipo **Ethernet**, criamos uma variável do tipo **ESP8266WebServer**.

A função **handleRoot** (manipula raiz) demonstra um recurso interessante da biblioteca ESP8266, que consiste na capacidade de definir os assim denominados *handlers* para cada uma das diferentes páginas que o servidor está atendendo. Se você examinar a função **setup**, você verá o comando **server.on("/", handleRoot)**. Esse comando informa o servidor de que, quando houver uma requisição para a página raiz (/), a função **handleRoot** (manipula raiz) deve ser chamada para gerar o código HTML necessário para aquela página e encaminhar esse código de volta ao navegador.

Essa função usa a classe **String** do Arduino para gerar uma linha de cada vez do código HTML. Observe que a classe **String** pode exigir bastante espaço de memória. Assim, se você começar a obter erros inesperados no seu código, então é possível que a classe **String** seja a responsável. Para strings pequenas, como nesse exemplo, o uso de memória está adequado, mas para strings de maior comprimento talvez seja melhor usar um buffer de caracteres, como será mostrado mais adiante no sketch 10-04.

O processo de criar a conexão WiFi, juntamente com o código para exibir o endereço IP do servidor no Monitor Serial, está todo contido na função **connectToWiFi** (conectar com WiFi). Observe que a taxa de baud (baud rate) para esse sketch está definida em 115200. Desse modo, para ver as mensagens no Monitor Serial, será necessário ajustar a taxa de baud para o mesmo valor. Para isso, escolha Ferramentas no menu e clique após em "Monitor Serial". Na janela, escolha o valor 115200 na lista que aparece quando você clica no canto inferior direito.

A função **setup** chama **connectToWiFi**, ativa o **handleRoot** e inicia a execução do código do servidor **server.begin**. O laço em **loop** simplesmente chama **handleClient** no servidor para esperar e atender as requisições que estiverem chegando.

Node MCU controlado pela web

O Arduino controlado pela web do sketch 10-02 pode ser adaptado para trabalhar com uma placa Node MCU. O resultado é o sketch 10-04. Para testá-lo, você pode conectar LEDs aos pinos usados ou medir suas tensões em volts usando um multímetro.

```
// sketch 10-04. Node MCU Controlado pela web

#include <ESP8266WiFi.h>
#include <WiFiClient.h>
#include <ESP8266WebServer.h>
#include <ESP8266mDNS.h>

const char* ssid = "my-network-name";    // "nome de minha rede"
const char* password = "my_password";    // "minha senha"

int numPins = 5;
char* pinNames[] = {"D5", "D6", "D7", "D8", "D9"};
int pins[] = {D5, D6, D7, D8, D9};
```

```
int pinState[] = {0, 0, 0, 0, 0};

ESP8266WebServer server(80);

void setPinStates()
{
  for (int i = 0; i < numPins; i++)
  {
    digitalWrite(pins[i], pinState[i]);
  }
}

void setValuesFromParams()
{
  for (int i = 0; i < numPins; i++)
  {
    pinState[i] = server.arg(i).toInt();
  }
}

void connectToWiFi()
{
  Serial.print("\n\nConnecting to ");       // Conectando-se com
  Serial.println(ssid);
  WiFi.begin(ssid, password);
  while (WiFi.status() != WL_CONNECTED)
  {
    delay(500);
    Serial.print(".");
  }
  Serial.println("\nWiFi connected");       //WiFi conectado
  Serial.print("IP address: ");             //Endereço de IP
  Serial.println(WiFi.localIP());
}

void handleRoot()
{
  char buff[1000];
  Serial.println("Got a Request");          // Recebi uma requisição
  setValuesFromParams();
  setPinStates();

  strcat(buff, "<html><body>\n");
  strcat(buff, "<h1>Output Pins</h1>\n");
  strcat(buff, "<form method='GET'>\n");
  for (int i = 0; i < numPins; i++)
  {
    strcat(buff, "<p>");
    strcat(buff, pinNames[i]);
    strcat(buff, " <select name='");
```

```
    char indexStr[10];
    sprintf(indexStr, "%d", i);
    strcat(buff, indexStr);
    strcat(buff, "'><option value='0'");
    if (pinState[i] == 0)
    {
      strcat(buff, " selected");
    }
    strcat(buff, ">Off</option>");
    strcat(buff, "<option value='1'");
    if (pinState[i] == 1)
    {
      strcat(buff, " selected");
    }
    strcat(buff, ">On</option></select></p>\n");
  }
  strcat(buff, "<input type='submit' value='Update'/>");
  strcat(buff, "</form></html></body>\n");
  server.send(200, "text/html", buff);
}

void setup()
{
  for (int i = 0; i < numPins; i++)
  {
    pinMode(pins[i], OUTPUT);
  }
  Serial.begin(115200);
  connectToWiFi();
  server.on("/", handleRoot);

  server.begin();
  Serial.println("HTTP server started");  \\ Servidor HTTP iniciado
}

void loop()
{
server.handleClient();
}
```

Esse sketch está estruturado de forma semelhante ao sketch 10-02 para Arduino. Ele usa um conjunto diferente de pinos e tem um array de strings com os nomes dos pinos que serão mostrados na página de web gerada. As funções utilitárias **pageNameIs** e **valueOfParam**, que foram escritas para fazer verificações na página que está sendo acessada e obter parâmetros isolados a partir da requisição, não são necessárias na versão com ESP8266 já que a biblioteca manipula as requisições pelo nome da página usando o mecanismo **server.on** (servidor ativo) e permite acesso direto aos valores dos parâmetros usando **server.arg(i)**, onde **i** é o índice da localização do parâmetro (argumento). Na realidade, a função **arg** inclui também opções para recuperar parâmetros a partir de seus nomes. Você poderá encontrar mais informações sobre esse assunto acessando a documentação que se encontra em: http://links2004.github.io/Arduino/d3/d58/class_e_s_p8266_web_server.html.

Neste caso, a função **handleRoot** deve construir uma string muito maior para conter o código HTML que será enviado de volta ao cliente. Em vez de usar a classe **String**, aqui veremos uma abordagem diferente. Usando um buffer de strings (**buff**) e a função **strcat** em C, iremos concatenar uma serie de pequenas strings e formar uma string principal que aumenta de tamanho aos poucos e termina com \0. Quando for necessário acrescentar um número, como o valor do pino, usaremos um segundo buffer de strings (**indexStr**). O número é inserido (escrito) nesse buffer usando a função **sprintf** que "imprime" o número no buffer. A seguir, esse buffer é concatenado com **buff**.

Quando usamos a biblioteca Arduino Ethernet, todo esse trabalho com buffer é desnecessário já que é possível construir a resposta para o navegador escrevendo uma linha de cada vez. Isso torna desnecessário construir a mensagem por inteiro antes de enviá-la ao navegador.

>> Chamando serviços de web

Até agora, em todos os exemplos deste capítulo, construímos servidores de web usando um Arduino ou uma placa Node MCU. Por outro lado, o que deveríamos fazer se quiséssemos que a placa funcionasse como um navegador de web, enviando requisições a um servidor de web que estivesse em algum lugar da Internet?

Por exemplo, poderíamos fazer a placa medir temperaturas a intervalos regulares e, em seguida, enviar essas leituras a um serviço de web. Nas duas próximas seções, usaremos um Arduino e uma placa Node MCU para aprender a enviar requisições a um serviço de web. Nós utilizaremos um serviço muito popular denominado IFTTT (If This Than That). Quando o IFTTT receber uma requisição (o gatilho), ele responderá executando uma ação que, neste caso, será enviar um e-mail com o valor da leitura feita no pino A0.

Independentemente de você usar um Arduino ou uma placa Node MCU, você deverá em primeiro lugar se cadastrar no IFTTT criando uma conta para você. O IFTTT tem uma interface de fácil uso que é, em sua maior parte, autoexplicativa. Para se cadastrar, entre no site **ifttt.com**, clique em **Sign up** que está no canto superior direito e siga as instruções. Na próxima vez que você visitar o site, clique direto em **Sign in**.

A seguir, você deverá criar o que se denomina um applet.*

---

*N. de T.: Um applet pode ser entendido como um pequeno programa que ao receber um "disparo" passa a executar alguma "ação". O serviço IFTTT aloja inúmeros applets criados por seus usuários. Esses applets são disparados quando o site IFTTT é acessado com um endereço URL próprio para cada applet. No nosso caso, o applet que você criará terá como condição de disparo o recebimento de uma mensagem com um certo conteúdo (arduino_spoke – arduino_falou) e a ação resultante será o envio de uma mensagem ao endereço de e-mail registrado por você ao se cadastrar no IFTTT. Tanto o gatilho de disparo como a ação a ser executada pelo applet são definidos por você durante a criação do applet. Essa composição do tipo "se isso então aquilo = IF This Than That" dá nome ao serviço de web IFTTT.

Para criar um applet, comece clicando no seu nome de usuário (user name) que está visível no canto superior direito. Entre as opções, escolha **"New Applet"** ("Novo Applet"). Aparecerá uma página onde consta o texto **"if + this than that"** ("se + isto então aquilo"). Clique em cima de **"+ this"** ("+ isto"). Aparecerá uma página com os logotipos de todos os "serviços" que podem ser usados para você criar o disparo ou gatilho (trigger) do applet. Nós usaremos o serviço Maker. Para selecioná-lo, escreva **Maker** na caixa de texto e você verá que os serviços disponíveis se reduzirão a poucas opções. Escolha **Makerwebhooks**. Surgirá uma nova página com opções, na qual você deve clicar em **"Receive a web request"** ("Receba uma requisição de web"). Na página seguinte, você definirá uma mensagem que, quando for enviada ao serviço IFTTT, servirá de gatilho para o applet ser executado. Ver Figura 10.8*.

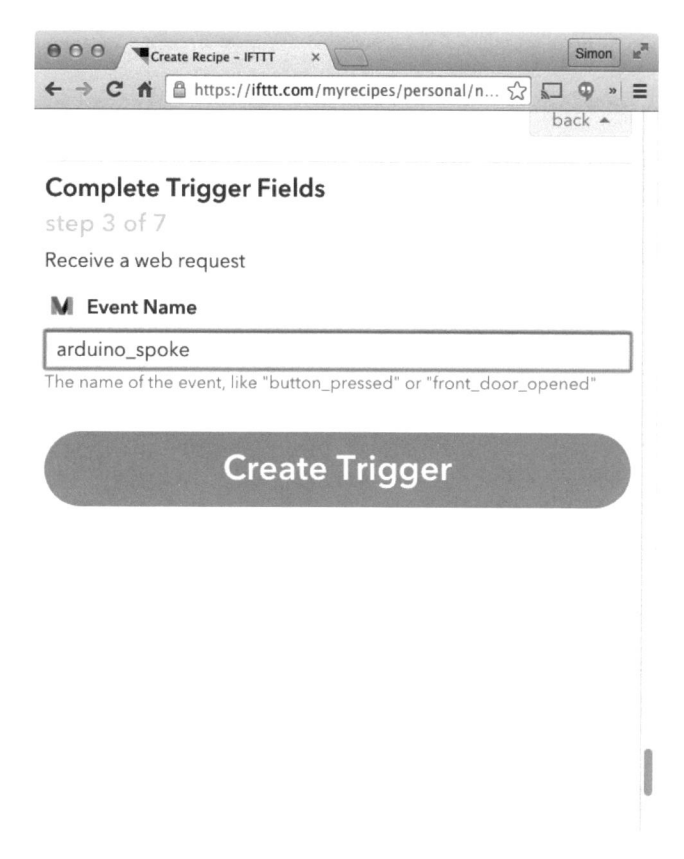

Figura 10.8 >> Completando o campo "Event Name" do gatilho.

Aqui, entraremos com o texto **"arduino_spoke"** ("arduino_falou") no campo **"Event Name"** ("Nome do Evento"). Em seguida, você irá efetivar o gatilho clicando em **"Create Trigger"** ("Crie Gatilho").

---

*N. de T.: As ilustrações relativas ao serviço IFTTT neste livro podem ser ligeiramente diferentes das que você verá no site. A razão é que o serviço IFTTT sofreu atualizações após o lançamento da edição original deste livro em inglês.

No próximo passo, você deverá definir a ação, isto é, especificar o que deverá acontecer quando o applet for disparado pelo gatilho. Neste exemplo, faremos o serviço IFTTT enviar-nos um e-mail, mas você poderia especificar outro serviço que realizasse ações diferentes. Por exemplo, o IFTTT poderia enviar um Tweet, atualizar o estado do Facebook ou realizar alguma outra ação escolhida entre muitas. Mais tarde, após fazer esse primeiro applet funcionar, você poderá testar outros tipos de respostas. Para definir a ação, você deverá clicar em **"+ that"** ("+ aquilo") dentro do texto que aparecerá. Em seguida, localize e escolha o serviço contendo a ação **'Email'**. Entre as opções que surgirão, clique na ação **"Send me an e-mail"** ("Envie-me um e-mail"). Você será conduzido ao formulário mostrado na Figura 10.9.

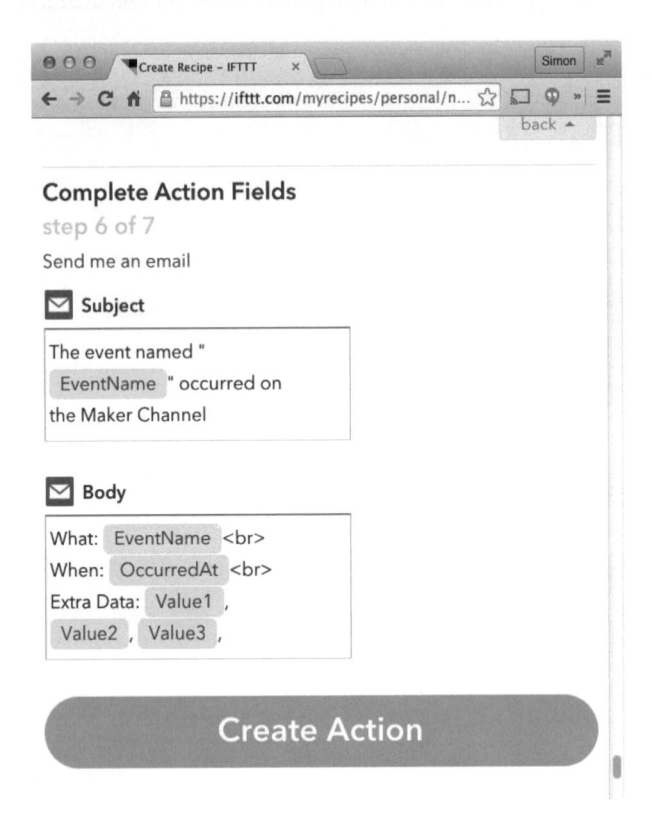

Figura 10.9 >> Completando os campos da ação.

Mais adiante, quando for efetivada a criação dessa ação, o campo temporariamente 'EventName' será automaticamente atualizado para 'arduino_spoke'. Você pode deixar os campos como estão ou usar esse formulário para individualizar o e-mail que lhe será enviado. Mais tarde, se for necessário, você sempre poderá voltar aqui para modificar a ação. Finalmente, clique no botão **"Create Action"** ("Criar Ação") para efetivar a criação. Aparecerá uma página mostrando a composição do applet. Você poderá voltar atrás (clicando em "Back") para alterar alguma coisa ou finalizar a criação do applet clicando em **"Finish"** (Finalizar). A página que surge mostra o applet ativado ("ON") e um botão ("Check now") que você pode acionar para verificar o funcionamento do applet. Agora, seu novo applet está ativado e esperando que chegue uma mensagem (arduino_spoke) vinda de seu Arduino ou placa Node MCU.

O passo final que você deve dar é conseguir a "chave" ("Key") do gatilho ("trigger") do applet para que somente você possa usá-lo. Para isso, clique no seu nome de usuário no canto superior direito e selecione **"Services"** ("Serviços"). Aparecerão os serviços que você está utilizando até agora em seus applets. Escolha **"Maker Webhooks"** e clique em **"Settings"**. Na página que surgirá, haverá diversas informações e particularmente há um URL que especifica a página da web onde se encontra a chave. Acesse essa página e você verá algo semelhante ao que está mostrado na Figura 10.10. Analise cuidadosamente seus conteúdos.*

O importante aqui está no texto que começa por **"Your key is:"** ("Sua chave é:"). Anote o valor e mantenha de forma segura essa chave pessoal porque mais tarde você deverá inseri-la no sketch do Arduino ou da placa NodeMCU.

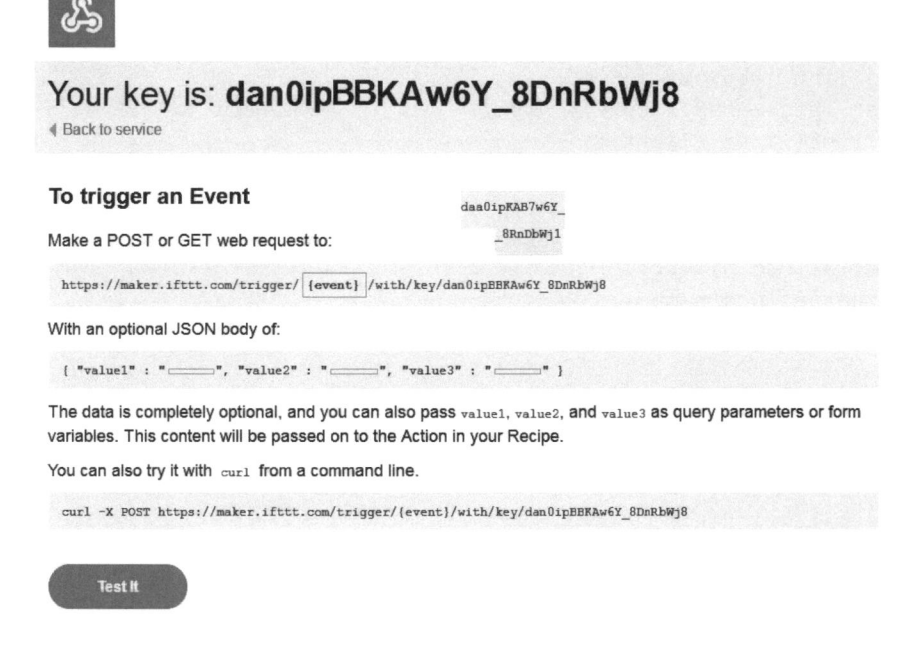

Figura 10.10 >> Encontrando a chave (key) no serviço Maker (M).

---

*N. de T.: Observando a figura, vemos que o valor da chave fez parte da URL que acabamos de utilizar para acessar a página. Você verá também outras informações, particularmente a que indica como disparar um evento ("to trigger an event"). Para isso, basta acessar a página indicada pela string que começa com https. O trecho "{event}" deverá ser substituído por "arduino_spoke". Se você fizer isso usando um navegador, você acionará o applet no serviço IFTTT que responderá enviando-lhe um e-mail. É essa mesma string que o Arduino ou a placa Node MCU deverão construir e enviar para disparar o applet. Para isso, esse envio será feito pelo Arduino ou a placa Node MCU através de uma requisição com POST ou GET de acordo com o protocolo HTPP.

Arduino Uno e IFTTT

Vamos começar com o sketch que o Arduino e o shield de Ethernet executam para enviar uma requisição ao IFTTT. Veja o sketch 10-05 a seguir.

```
// sketch 10-05 IFTTT
#include <SPI.h>
#include <Ethernet.h>

// O endereço MAC deve ser único. O seguinte deve funcionar:
byte mac[] = { 0xDE, 0xAD, 0xBE, 0xEF, 0xFE, 0xED };

// Aqui você deve substituir o valor de key pelo
// valor que você obteve e anotou do IFTTT:

const char* key = "c1AsQq_qsQVTSO5-6NASqg";
const char* host = "maker.ifttt.com";
const int httpPort = 80;
const long sendPeriod = 60000L;          // 1 minuto
EthernetClient client;

void setup()
{
  Serial.begin(9600);
  Ethernet.begin(mac);
}

void sendToIFTTT(int reading)
{
  client.stop();
  Serial.print("connecting to ");         //"conectando-se com "
  Serial.println(host);
  if (!client.connect(host, httpPort))
  {
    Serial.println("connection failed");  //"a conexão falhou"
    return;
  }

  String url = "/trigger/arduino_spoke/with/key/";
  url += key;
  url += "?value1=" + String(reading);

  String req = String("GET ") + url + " HTTP/1.1\r\n" +
```

```
"Host: " + host + "\r\n" +
"Connection: close\r\n\r\n";
  Serial.println(req);
  client.print(req);
}

void loop()
{
  static long lastReadingTime = 0;
  long now = millis();
  if (now > lastReadingTime + sendPeriod)
  {
    int reading = analogRead(A0);
    sendToIFTTT(reading);
    lastReadingTime = now;
  }
  if (client.available())
  {
    Serial.write(client.read());
  }
}
```

Troque o valor da constante **key** (chave) pelo valor da chave que você obteve no serviço Maker do IFTTT anteriormente (veja Figura 10.10). A constante **sendPeriod** (envia período) define o intervalo ou período de tempo que deve existir entre os envios de requisições web ao IFTTT.

A variável **client** (cliente) refere-se à classe **EthernetClient** (Cliente Ethernet) em vez da classe **EthernetServer** (Servidor Ethernet) que usamos em exemplos anteriores porque o Arduino está funcionando como um cliente web neste exemplo.

A cada minuto, a função **loop** chama a função **sendToIFTTT** (enviar ao IFTTT), enviando o valor lido na entrada A0 como parâmetro. A seguir, a função **loop** verifica se há alguma resposta do servidor e, em caso afirmativo, faz a sua exibição. Isso não é rigorosamente necessário, mas efetivamente fornece um feedback valioso que é mostrado no Monitor Serial de modo que você pode saber se está acontecendo alguma coisa de errado.

A função **sendToIFTTT** chama primeiro **client.stop()** para encerrar qualquer transação anterior que estivesse ocorrendo antes de se conectar com o servidor hospedeiro e construir a string **url** que será enviada ao servidor. Essa string incluirá o parâmetro **reading** (valor de leitura na entrada A0) como um dos parâmetros da requisição. A **url** também inclui **key** (a chave) e o nome de evento **arduino_spoke** (arduino_falou) que você definiu no serviço IFTTT.

Placa Node MCU ESP8266 e IFTTT

O sketch 10-06 usa a placa Node MCU como variante para enviar gatilhos (triggers) ao IFTTT. O sketch pode ser visto a seguir:

```
// sketch 10_06

#include <ESP8266WiFi.h>

const char* ssid = "my-network-name";    // "nome da minha rede"
const char* password = "my_password";    // "minha senha"

//Chave que deve ser trocada pela sua:
const char* key = "c1AsQq_qsQVTSO5-6NASqg";
const char* host = "maker.ifttt.com";
const int httpPort = 80;
const long sendPeriod = 60000L;          // 1 minuto

WiFiClient client;

void connectToWiFi()
{
  Serial.print("\n\nConnecting to ");   //"Conectando-se com"
  Serial.println(ssid);
  WiFi.begin(ssid, password);
  while (WiFi.status() != WL_CONNECTED)
  {
    delay(500);
    Serial.print(".");
  }
  Serial.println("\nWiFi connected");   // "WiFi conectado"
  Serial.print("IP address: ");         // "Endereço de IP"
  Serial.println(WiFi.localIP());
}

void sendToIFTTT(int reading)
{
  Serial.print("connecting to ");       //"Conectando-se com"
  Serial.println(host);

  if (!client.connect(host, httpPort))
  {
    Serial.println("connection failed");    //"Conexão falhou"
```

```
    return;
  }

  String url = "/trigger/arduino_spoke/with/key/";
  url += key;
  url += "?value1=" + String(reading);

  String req = String("GET ") + url + " HTTP/1.1\r\n" +
               "Host: " + host + "\r\n" +
               "Connection: close\r\n\r\n";
  Serial.println(req);
  client.print(req);
}

void setup()
{
  Serial.begin(115200);
  connectToWiFi();
}

void loop()
{
  static long lastReadingTime = 0;
  long now = millis();
  if (now > lastReadingTime + sendPeriod)
  {
    int reading = analogRead(A0);
    sendToIFTTT(reading);
    lastReadingTime = now;
  }
  if (client.available())
  {
    Serial.write(client.read());
  }
}
```

Fora o trecho do sketch onde se faz a conexão WiFi, em vez de Ethernet, e o uso da classe **WiFiClient**, em vez de **EthernetClient**, o código é quase o mesmo.

Outras opções de IoT

O Arduino Yun e a placa Particle Photon (Figura 10.11) são placas alternativas para o desenvolvimento de projetos envolvendo a Internet das Coisas (IoT).

⟫ Arduino Yun

O Arduino Yun é a placa Arduino oficial para ser usada na Internet das Coisas (IoT). Ela contém muitos recursos interessantes incluindo módulos separados de WiFi sem fio e Ethernet com fio, além de conectores USB. Realmente, é como se fosse um Arduino Uno combinado com um módulo WiFi estilo ESP8266. A comunicação entre essas partes, Arduino e WiFi, é feita usando um software denominado "bridge" (ponte).

O primeiro passo para usar um Yun é conectá-lo à sua rede WiFi. Após isso, você poderá programá-lo usando o IDE de Arduino sem necessidade do cabo USB para conectá-lo ao computador que está fazendo a programação. A placa poderá ser programada por meio da conexão WiFi. A placa também contém um conector USB como o Arduino Uno.

Todos esses recursos têm um custo. A placa é proibitivamente cara para muitos projetos IoT, especialmente quando comparada com uma placa baseada no ESP8266.

Figura 10.11 ⟫ Arduino Yun (esquerda) e Particle Photon (direita).

⟫ Particle Photon

A placa Photon da Particle e sua antecessora Spark Core constituem uma plataforma não oficial do tipo Arduino para uso na IoT. A conexão é apenas por WiFi, permitindo programação sem fio por meio de um IDE baseado na web. Esse IDE não é o de Arduino, mas é muito semelhante.

A placa Photon é programada com a linguagem C do Arduino com algumas extensões que permitem seu entrosamento perfeito com o sistema IoT da Particle, liberando você de fazer uma boa parte da programação trabalhosa de rede que você viu neste capítulo.

A placa Photon é mais cara que as placas baseadas em ESP8266, mas seu sistema interno de IoT e a possibilidade de programação sem fio fazem dela uma ótima opção para projetos IoT baseados em WiFi.

Se você quiser aprender mais sobre a Photon, você poderá consultar meu livro *Getting Started with the Photon* (Maker Media, 2015).

>> Conclusão

Depois de usar shields e as respectivas bibliotecas nos dois últimos capítulos, chegou o momento de você examinar os recursos que permitem escrever bibliotecas e aprender a escrever as suas próprias bibliotecas.

CAPÍTULO 11

C++ e bibliotecas

Os Arduinos são simples microcontroladores. Na maior parte do tempo, os sketches de Arduino são bem pequenos, de modo que o uso da linguagem C de programação funciona muito bem. Entretanto, a linguagem de programação do Arduino é, na realidade, C++ em vez de C. A linguagem C++ é uma extensão da linguagem C e contém algo denominado *orientação a objeto*.

OBJETIVOS DE APRENDIZAGEM

» Aprender alguns fundamentos da linguagem C++ e de orientação a objeto.
» Examinar mais de perto a biblioteca LCD.
» Criar uma biblioteca simples para entender os conceitos que estão por trás.

» Orientação a objeto

Este é apenas um pequeno livro, de modo que uma explicação aprofundada da linguagem C++ de programação está além de seus propósitos. No entanto, o livro cobrirá alguns fundamentos de C++ e de orientação a objeto, sabendo que o seu objetivo principal é aumentar o *encapsulamento* dos programas. O encapsulamento mantém juntas as coisas relevantes, algo que torna a linguagem C++ muito adequada para escrever bibliotecas como as que você usou nos sketches de Ethernet e de LCD em capítulos anteriores.

Há muito bons livros sobre programação orientada a objeto e sobre linguagem C++. Procure os livros mais cotados sobre esses tópicos na sua livraria virtual preferida.

» Classes e métodos

A orientação a objeto usa um conceito denominado *classe* para auxiliar o encapsulamento. Geralmente, uma classe é como uma seção de programa que inclui tanto variáveis – denominadas *variáveis membro* – e *métodos*. Esses métodos são como funções que se aplicam às classes. Essas funções podem ser *public* (públicas), caso em que os métodos e funções podem ser usados por outras classes, ou *private* (privadas), caso em que os métodos podem ser chamados apenas por outros métodos dentro da mesma classe.

Embora um sketch de Arduino esteja contido em apenas um arquivo, quando você está trabalhando com C++, a tendência é usar mais de um arquivo. De fato, há geralmente dois arquivos para cada classe: Um *arquivo de cabeçalho*, que tem a extensão .h e o *arquivo de implementação*, que tem a extensão .cpp.

» Exemplo de biblioteca interna

Nos dois capítulos anteriores, usamos a biblioteca LCD. Agora, iremos examiná-la mais de perto e ver com mais detalhes o que está acontecendo.

Voltando ao sketch 9-01 (abra-o no IDE do Arduino), você pode ver que o comando **include** (incluir) contém o arquivo LiquidCrystal.h:

```
#include <LiquidCrystal.h>
```

O arquivo LiquidCrystal.h é o *arquivo de cabeçalho* da classe denominada **LiquidCrystal** (cristal líquido). Esse arquivo diz ao sketch do Arduino o que é necessário para ele poder usar a biblioteca. Para encontrá-lo, vá primeiro à pasta de Arquivos de Programas e procure a pasta correspondente a seu Arduino. A seguir, na pasta libraries (bibliotecas), procure a pasta LiquidCrystal e, dentro dessa ou em alguma subpasta, você deverá encontrar o arquivo LiquidCrystal.h. O arquivo deverá ser aberto em um editor de texto. Se você está usando um Mac, então clique com o botão direito no próprio arquivo app do Arduino e selecione a opção de menu "Show Package Contents". A seguir, navegue até Contents/Resources/Java/libraries/LiquidCrystal.

O arquivo LiquidCrystal.h contém muitos códigos, já que se trata de uma biblioteca com grande número de classes. O código da classe em si, onde estão os comandos realmente necessários para exibir uma mensagem, estão no arquivo LiquidCrystal.cpp.

Na próxima seção, criaremos um exemplo simples de biblioteca, mostrando na prática os conceitos que estão por trás de uma biblioteca.

>> Escrevendo bibliotecas

Pode parecer que a criação de uma biblioteca de Arduino é o tipo de coisa que somente um veterano experiente de Arduino poderia tentar, mas na realidade construir uma biblioteca é bem simples. Por exemplo, você pode converter em uma biblioteca a função **flash**, aquela do Capítulo 4 que faz um LED piscar um número determinado de vezes.

Para criar os arquivos C++ necessários, você precisará de um editor de texto como TextPad em Windows ou Text-Mate no Mac.

>> O arquivo de cabeçalho

Comece criando uma pasta que conterá todos os arquivos da biblioteca. Essa pasta deverá ser criada dentro da pasta denominada libraries (bibliotecas) que, por sua vez, está dentro da pasta de documentos do Arduino. No Windows, a sua pasta libraries estará em Meus Documentos\Arduino. No Mac, você irá encontrá-la na sua pasta inicial, Documents/Arduino/, e no Linux ela estará na pasta sketchbook da sua pasta inicial. Se a pasta libraries não estiver presente no seu Arduino, então crie uma.

A pasta libraries é o local onde devem ser instaladas quaisquer bibliotecas que você escrever, ou quaisquer outras bibliotecas "não oficiais".

Dê o nome Flasher a essa pasta. Abra o editor de texto e escreva o seguinte:

```
// LED Flashing library      (biblioteca LED Pisca-Pisca)

#include "Arduino.h"
```

```
class Flasher
{
  public:
    Flasher(int pin, int duration);
    void flash(int times);
  private:
    int _pin;
    int _d;
};
```

Salve esse arquivo na pasta Flasher com o nome Flasher.h. Esse é o arquivo de cabeçalho (header) da classe que será incluída na biblioteca. Esse arquivo especifica as diferentes partes da classe. Como você pode ver, ele está dividido em partes pública (public) e privada (private).

A parte pública contém o que se parece com a parte inicial de duas funções. São os denominados métodos que diferem das funções porque estão associados a uma classe. Podem ser usados somente fazendo parte da classe. Diferentemente das funções, não podem ser usados isoladamente.

O primeiro método, **Flasher**, começa com uma letra maiúscula, algo que você não usaria com um nome de função. Além disso, ele tem também o mesmo nome da classe. Esse método é denominado um *construtor*, que é aplicado quando se deseja criar um novo objeto **Flasher** para ser usado em um sketch,

Por exemplo, você poderia colocar a seguinte linha em um sketch:

```
Flasher slowFlasher(13, 500);   // Flasher lento
```

Isso criaria um novo **Flasher**, denominado **slowFlasher** (Flasher lento) que faria o pino 13 pulsar com um período de 500 milissegundos.

O segundo método da classe é denominado **flash**. Esse método recebe um único argumento com o número de vezes que o LED deve piscar. Como está associado a uma classe, quando você quiser chamá-lo, você deverá fazer referência ao objeto que você criou antes, como segue:

```
slowFlasher.flash(10);
```

Isso faria o LED piscar dez vezes, tendo o período que você especificou no construtor do objeto **Flasher**.

A seção privada da classe contém duas definições de variáveis: uma para o pino e outra para a duração, que é simplesmente denominada **d**. Sempre que você criar um objeto da classe **Flasher**, ele terá essas duas variáveis. Isso permite que ele lembre o pino e a duração quando um novo objeto **Flasher** é criado.

Essas variáveis são denominadas variáveis membro porque são membros da classe. Geralmente, os seus nomes se diferenciam porque começam com um caractere de sublinhado (_). Entretanto, isso é apenas uma convenção comum, não é uma obrigação da programação.

Uma outra convenção comumente adotada para dar nomes é utilizar um *m* minúsculo (de *membro*) na primeira letra do nome de uma variável.

>> O arquivo de implementação

O arquivo de cabeçalho define de forma simples qual é a aparência de uma classe. Agora você precisa de um arquivo separado que fará o trabalho de fato. Será o arquivo de implementação e terá a extensão .cpp.

Assim, crie um novo arquivo contendo as linhas seguintes. Depois, salve-o como Flasher.cpp na pasta Flasher:

```
#include "Flasher.h"

Flasher::Flasher(int pin, int duration)
{
  pinMode(pin, OUTPUT);
  _pin = pin;
  _d = duration / 2;
}

void Flasher::flash(int times)
{
  for (int i = 0; i < times; i++)
  {
    digitalwrite(_pin, HIGH);
    delay(_d);
    digitalwrite(_pin, LOW);
    delay(_d);
  }
}
```

Nesse arquivo, há uma sintaxe que não é familiar. Os nomes dos métodos são antecedidos pelo prefixo **Flasher::**. Isso indica que os métodos pertencem à classe **Flasher**.

O método construtor (**Flasher**) simplesmente atribui cada um de seus parâmetros à variável membro privada adequada. O parâmetro de duração **duration** é dividido por dois antes de ser atribuído à variável membro **_d**. Isso é assim porque o retardo (delay) é chamado duas vezes, sendo mais lógico que a duração total seja o tempo em que o LED está aceso mais o tempo em que está apagado.

A função **flash** é a que se encarrega realmente de fazer o LED piscar. Ela repete o laço um número apropriado de vezes, mantendo o LED ligado e desligado durante intervalos adequados de tempo.

>> Completando a sua biblioteca

Agora você já viu todos os fundamentos necessários para completar a sua biblioteca. Você poderia colocar ela à disposição para ser utilizada e ela trabalharia muito bem. Entretanto, há mais dois passos que você deve dar para completar a biblioteca. O primeiro é definir as palavras-chaves usadas, de modo que o IDE do Arduino possa exibi-las com a cor apropriada quando os usuários estiverem editando um código. O segundo passo é incluir alguns exemplos de como usar a biblioteca.

Palavras-chaves

Para definir as palavras-chaves (keywords), você deve criar um arquivo de nome keywords.txt, que é salvo na pasta Flasher. Esse arquivo contém apenas as duas linhas seguintes:

```
Flasher    KEYWORD1
flash      KEYWORD2
```

Isso é basicamente um arquivo de texto contendo uma tabela de duas colunas. A coluna da esquerda é a palavra-chave e a coluna da direita é uma indicação do tipo da palavra-chave. Os nomes de classes devem ser **KEYWORD1** e de métodos, **KEYWORD2**. Não importa quantos espaços ou tabulações você insere entre as colunas, mas cada palavra-chave deve começar em uma nova linha.

Exemplos

Como um bom cidadão Arduino, a outra coisa que você deve incluir como parte da biblioteca é uma pasta com exemplos. Nesse caso aqui, a biblioteca é tão simples que um único exemplo será suficiente.

Os exemplos devem ser todos colocados em uma pasta de nome Examples (exemplos) dentro da pasta Flasher. Na realidade, o exemplo é apenas um sketch de Arduino. Desse modo, você pode criar o seu exemplo usando o IDE do Arduino. Primeiro, no entanto, você deve sair e voltar a abrir o IDE do Arduino para que ele tome conhecimento da nova biblioteca.

No menu, depois de voltar a abrir o IDE do Arduino, selecione Arquivo (File) e então Novo (New) para criar uma nova janela de sketch. A seguir, no menu, escolha Sketch e a opção de Incluir Biblioteca (Include Library). As opções devem ser parecidas com as da Figura 11.1.

Nesse sub-menu, as bibliotecas acima da linha central são as oficiais e as que estão abaixo da linha são contribuições ou recomendações de bibliotecas "não oficiais". Se tudo estiver bem, então você deverá ver Flasher na lista.

Se Flasher não estiver na lista, é muito provável que a pasta Flasher não está na pasta libraries da pasta que contém seus sketches. Portanto, volte atrás e faça uma verificação.

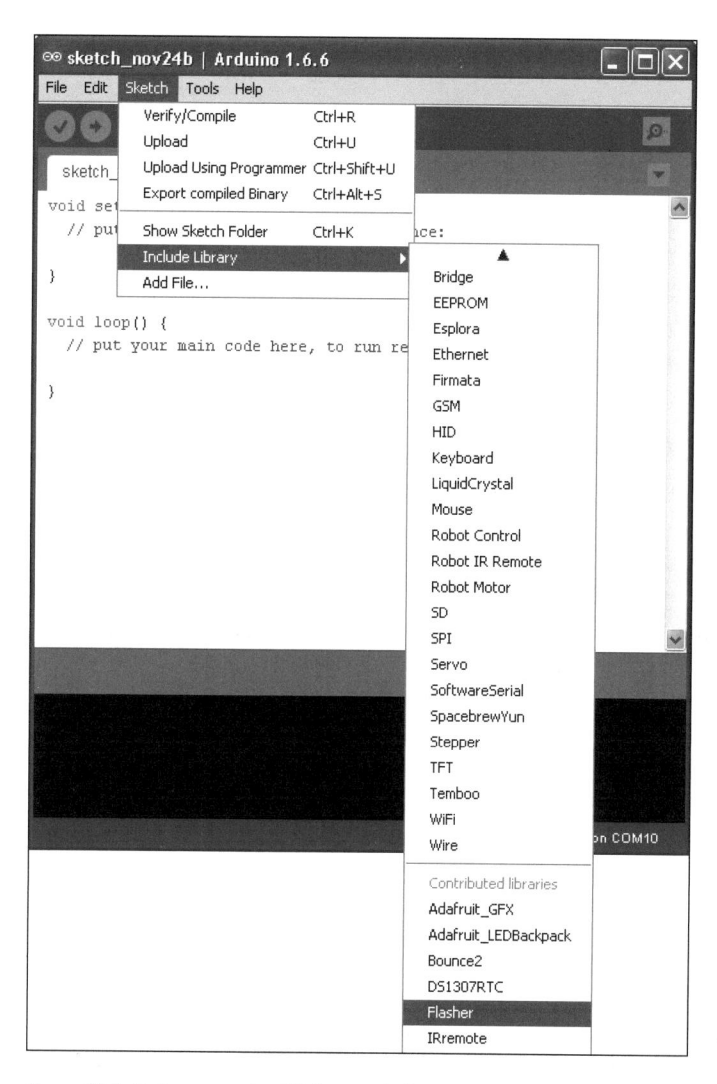

Figura 11.1 >> Importando a biblioteca Flasher.

Na janela do sketch que acabou de ser criado, escreva o conteúdo seguinte:

```
#include <Flasher.h>

const int ledPin = 13;
const int slowDuration = 300;
const int fastDuration = 100;

Flasher slowFlasher(ledPin, slowDuration);
Flasher fastFlasher(ledPin, fastDuration);
void setup(){}
```

```
void loop()
{
  slowFlasher.flash(5);
  delay(1000);
  fastFlasher.flash(10);
  delay(2000);
}
```

O IDE do Arduino não permitirá que você salve o exemplo de sketch diretamente na pasta libraries, de modo que você deve salvá-lo em algum outro lugar com o nome Simple_Flasher_Example (exemplo de flasher simples) e então mover a pasta inteira Simple_Flasher_Example que você acabou de salvar para dentro da pasta de Examples (Exemplos) na sua biblioteca.

Se você voltar a abrir o IDE do Arduino, você verá que agora é possível abrir o sketch com o exemplo a partir do menu, como está mostrado na Figura 11.2.

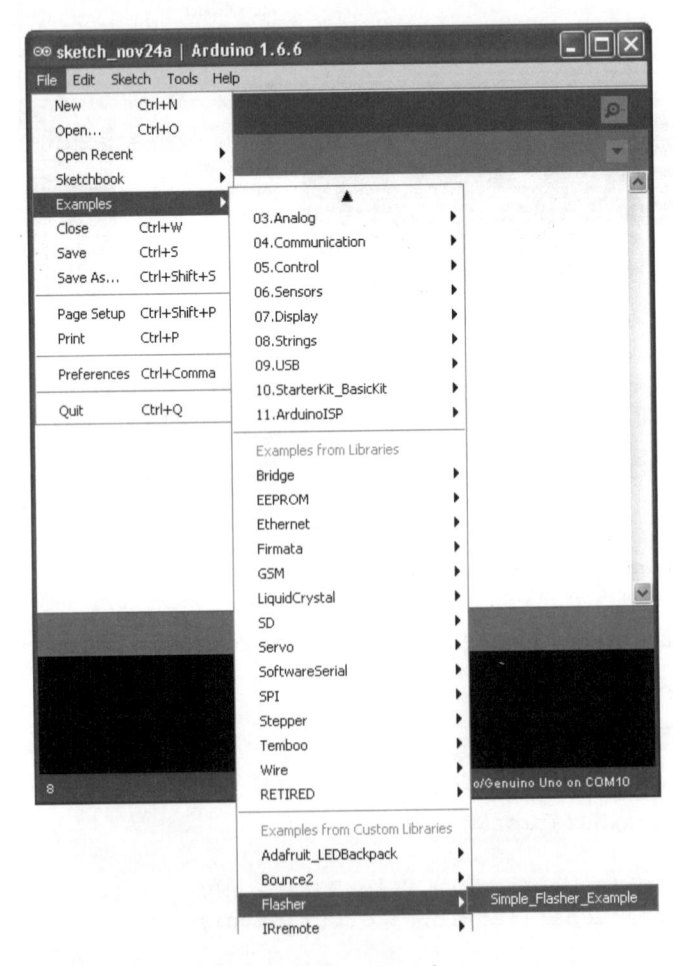

Figura 11.2 >> Abrindo o sketch com o exemplo.

» Conclusão

Há muito mais coisas a respeito de C++ e sobre como escrever programas para formar bibliotecas, mas este capítulo já deu o básico para você começar. Também deve ser suficiente para a maioria das coisas que você provavelmente fará com o Arduino. Os Arduinos são dispositivos pequenos e frequentemente surge a tentação de exagerar nas soluções que de outro modo poderiam ser bem simples e imediatas.

Com este capítulo, concluímos a parte principal do livro. Para maiores informações sobre o que fazer agora, há bons pontos de partida que são os sites oficiais dos criadores do Arduino em www.arduino.cc e www.arduino.org. Também, recorra ao site do livro em www.arduinobook.com, onde você encontrará a errata e outros recursos úteis.

Se você estiver procurando por auxílio ou orientação, a comunidade do Arduino em www.arduino.cc/forum é de grande ajuda. Lá você encontrará este autor como usuário de nome Si.

Índice

SÍMBOLOS

>= (maior do que ou igual a) operador de comparação, 43-44
<= (menor do que ou igual a) operador de comparação, 43-44
– (subtração), operador aritmético, 41-42
!= (não igual a) operador de comparação, 43-44
/*.*/, estilo de codificação para comentários, 61-62
/ (barra), operador de divisão, 41-42
// (barra dupla), estilo de codificação para comentários, 61-62
|| (operador `or`), uso de variáveis booleanas em tabelas-verdade, 57-59
+ (soma), operador aritmético, 41-42
= (operador de atribuição), usando variáveis numéricas em C, 38-40
== (igual a), operador de comparação, 43-44
! (operador `not`), uso de variáveis booleanas em tabelas-verdade, 58-59
&& (operador `and`), uso de variáveis booleanas em tabelas-verdade, 57-59
* (asterisco), operador de multiplicação, 41-42
{} (chaves)
　"abre chaves" no estilo de codificação da linguagem C, 60-61
　na sintaxe de função, 32-33
< (menor do que), operador de comparação, 43-44
> (maior do que), operador de comparação, 43-44

A

`abs`, função da biblioteca do Arduino, 102-103
Adafruit
　bibliotecas de display, 129-132
　conectando a um display OLED, 128-129
Adafruit Trinket, clones/variantes de Arduino, 13
Algoritmos + Estruturas de Dados = Programas (Wirth), 65-66
Alimentação elétrica, iniciando o funcionamento do Arduino, 15-16
Ambiente de Desenvolvimento Integrado (IDE)
　compilação e, 31-32
　linguagem de programação e, 29-30
`analogRead`, função, 96
`and`,operador (&&), uso de variáveis booleanas em tabelas-verdade, 57-59
Antena, entrada digital como antena humana, 86
Aplicações. *Veja* Sketches
Arduino controlado pela Web, 139-145
Arduino, família
　Arduino Lilypad, 11-12
　Arduino Mega e Due, 9-10
　Arduino Micro e placas pequenas, 10-11
　Arduino Uno e Leonardo, 8-9
　Arduino Yun, 10-12
　clones/variantes, 12-13
　visão geral da, 8-9
Arduino, história, 6-8
Arduino Uno
　chip de 28 pinos no, 5-6
　como placa de desenvolvimento, 2-4
　como servidor de Web, 136-140
　enviando mensagens ao IFTTT, 155-158
　família Arduino, 8-9
　microcontrolador no, 2-3
Arduino Yun
　IoT (Internet das Coisas), programação, 159-160
　na família Arduino, 10-12
Argumentos
　em laços de repetição, 45-46
　função `tone`, 105-106
　interrupções, 107-109
　linguagem C, 28-29
Argumentos, passando, 28-29
Armazenamento de dados
　armazenando floats em EEPROM, 117-118
　armazenando int em EEPROM, 115-117
　armazenando strings em EEPROM, 117-120
　compressão e, 120-122
　constantes, 111-112
　EEPROM e, 114-116

em memória flash, 112-115
limpando os conteúdos de uma EEPROM, 119-121
usando a biblioteca AVR EEPROM, 116-118
Arquivo de cabeçalho (.h), criando uma nova biblioteca C++, 165-167
Arquivo de implementação (.cpp), C++, 166-168
Arquivo (File), menu
abrindo o sketch Blink (Pisca-Pisca), 17-18
opções para trabalhar com o aplicativo Arduino, 22-24
Arrays
arrays do tipo string, 69-70
estrutura de dados para tradutor de código Morse, 72-74
exemplo de SOS em código Morse, 68-70
`flashDotOrDash`, função para tradutor de código Morse, 77-79
`flashSequence`, função para tradutor de código Morse, 77-78
função `loop` em tradutor de código Morse, 74-77
listagem do tradutor de código Morse, 78-80
tradutor de código Morse, 71-73
variáveis globais e `setup` para tradutor de código Morse, 72-74
visão geral de, 65-69
ASCII, códigos de caracteres, 70-71
Asterisco (*), operador de multiplicação, 41-42
ATMega328, microcontrolador
EEPROM e, 114-115
no Arduino Uno, 3-4
no Arduino Mega, 9-10
Atmel, fabricante de microcontroladores, 2-4
Atribuição (=), operador para variáveis numéricas em C, 38-40
AVR EEPROM, biblioteca
armazenando floats em EEPROM, 117-118
armazenando strings em EEPROM, 117-120
visão geral da, 116-118

B

Banzi, Massirno, 6-7
Barra (/), como operador de divisão, 41-42
Barra dupla (//), estilo de codificação para comentários, 61-62
Barramento serial padrão, I2C, 128-129

Biblioteca padrão do Arduino
chips de registradores deslocadores, 106-107
entradas/saídas avançadas, 104-105
funções matemáticas, 102-103
interrupções, 106-109
manipulação de bits, 102-105
números aleatórios, 99-102
`tone`, função, 104-106
visão geral da, 99-100
Bibliotecas C++
arquivo de cabeçalho (.h) para uma biblioteca escrita, 165-167
arquivo de implementação (.cpp) para uma biblioteca escrita, 166-168
definindo palavras-chaves para uma nova biblioteca, 167-169
incluindo exemplos em uma nova biblioteca escrita, 168-171
internas e escritas, 164-165
Bibliotecas. *Veja também* Biblioteca padrão do Arduino
biblioteca AVR EEPROM, 116-118
bibliotecas Adafruit de display, 129-132
funções da biblioteca LCD, 127-128
instalando/usando a biblioteca Bounce, 93-95
placa USB de mensagens, 125-127
Binário
código de máquina traduzido em, 30-31
comparação com hex e decimal, 103-105
manipulação de bits em, 102-105
Blink (Pisca-Pisca), sketch
carregando (upload) o primeiro sketch, 17-21
modificando a velocidade do pisca-pisca, 20-23
salvando, 23-24
Boole, George, 57-58
`boolean`
tipo de dado em C, 58-59
tipo de variável, 57-59
Bounce, instalando/usando a biblioteca, 93-95
Bytes, desmembrando um int em dois bytes, 115-116

C

C, linguagem
aplicando `setup` e `loop` ao sketch Blink (Pisca-Pisca), 33-34-34-35
comando `for`, 43-47

comando `while`, 46-48
comandos, 41-44
constantes, 47-48
definindo variáveis, 36-38
estendendo com funções da biblioteca padrão do Arduino, 99-100
programando em, 27-30
testando experimentos, 37-40
tipos de dados, 58-60
variáveis numéricas e funções aritméticas, 38-42
visão geral da, 27-28
C++, linguagem
arquivo de cabeçalho para uma biblioteca escrita, 165-167
arquivo de implementação para uma biblioteca escrita, 166-168
bibliotecas internas e escritas, 164-165
classes e métodos, 163-165
definindo palavras-chaves para uma nova biblioteca, 167-169
incluindo exemplos em novas bibliotecas escritas, 168-171
orientação a objeto, 163-164
visão geral da, 163-164
Chamando funções, 28-29
`char`, tipo de dado
códigos ASCII, 70-71
em C, 58-59
estrutura de dados para tradutor de código Morse, 73-74
Chave
conectando a placa de Arduino, 87-88
usando fio como, 90-91
Chave de botão, debouncing, 88-91
Chaves ({})
abrindo chaves no estilo de codificação da linguagem C, 60-61
na sintaxe de função, 32-33
Chip do microcontrolador no Arduino, 5-7
Chips de registradores deslocadores, biblioteca padrão do Arduino, 106-107
Classes
implementação C++ e, 167-168
métodos associados com, 165-167
na linguagem C++, 163-165
palavras-chaves em C++ e, 168-169

Clones/variantes da família Arduino, 12-13
Código de máquina, compilando em, 30-31
Código Morse
aplicativo tradutor de, 71-73
estrutura de dados para tradutor, 72-74
exemplo SOS, 68-70
`flashDotOrDash`, função para tradutor, 77-79
`flashSequence`, função para tradutor, 77-78
listagem do tradutor de, 78-80
`loop`, função para tradutor, 74-77
variáveis globais e setup para tradutor, 72-74
COM, selecionando porta serial COM em computadores Windows, 19-20
Comandos da linguagem C. *Veja também* Funções
enviando para displays, 126-127
`for`, 43-47
`if`, 41-44
visão geral de, 41-42
`while`, 46-48
Comandos, estilo de codificação para, 61-63
Comparação, operadores de, 43-44
Compilação em código de máquina, 30-31
Compressão de faixa, 120-122
Computação física, Arduino como realizador de, 1-2
Computadores Windows
instalando o software de Arduino em, 16-17
selecionando a porta serial, 19-20
Condições
comando `for`, 45-46
comando `if`, 42-43
Conector serial de programação, componente de microcontroladores, 6-7
Conexões de alimentação elétrica, 4-5
Conexões digitais, 5-6
Conexões digitais no microcontrolador Arduino, 5-6
Constantes
armazenando, 111-112
literais do tipo string como, 69-70
na linguagem C, 47-48
usando a palavra-chave `const` com arrays, 67-68
`constrain`, função matemática da biblioteca do Arduino, 102-103

Construtor, método
    em cabeçalho C++, 165-166
    em implementação C++, 167-168
Convenção de nomes, C++, 166-167
`cos`, função matemática da biblioteca do Arduino, 102-103
CPU (central processing unit), no coração do chip do Arduino, 6-7
Creative Common, Arduino disponível sob a licença, 7-8
Cuartielles, David, 6-7

D

Debouncing em entrada digital, 88-95
Decimais, comparação com binário e hex. 103-105
`delay`, função
    aplicando `setup` e `loop` ao sketch Blink (Pisca-Pisca), 34-35
    como função interna predefinida, 31-32, 49-50
DFRobot LCD Keypad, shield, 124
`digitalWrite`, função
    argumentos, 28-29
    funções internas predefinidas, 31-34
DIL (Dual In-Line) soquete para chip microcontrolador, 5-6
Diodo emissor de luz. *Veja* LED (light-emitting diode)
Displays
    conectando um display OLED, 128-130
    enviando comandos aos, 126-127
    funções da biblioteca LCD, 127-128
    LCDs alfanuméricos, 124
    OLED (Organic Light Emitting Diode), 127-129
    software para, 129-132
    uma placa USB de mensagens, 125-127
    visão geral de, 123-124
Displays de cristal líquido. *Veja* LCDs (Liquid Crystal Displays)
Displays de placa de mensagem, placa USB de mensagens, 125-127
Divisão, operador, 41-42
`double`, tipo de dado em C, 58-59
Dual In-Line (DIL), soquete para chip microcontrolador, 5-6
Durations, exemplo de uso de arrays, 68-70

E

EEPROM (Electrically Erasable Read-Only Memory)
    armazenando floats em, 117-118
    armazenando ints em, 115-117
    armazenando strings em, 117-120
    compressão e, 120-122
    limpando conteúdos, 119-121
    usando a biblioteca AVR EEPROM, 116-118
    visão geral de, 114-116
Encapsulamento
    benefícios da linguagem C++, 163-164
    variáveis globais e, 53
Endentação, estilo de codificação em funções, 59-61
Entradas analógicas
    no microcontrolador Arduino, 2-5
    visão geral de, 96-98
Entradas digitais
    debouncing, 88-95
    no microcontrolador Arduino, 2-3
    resistor interno de pull-up em entrada digital, 87-89
    resistores de pull-up em, 85-88
    visão geral de, 85-86
Entradas/Saídas
    conexões digitais de saída, 5-6
    debouncing em entrada digital, 88-95
    digitais e analógicas, 2-3
    entradas analógicas, 4-5, 96-98
    entradas digitais, 85-86
    entradas/saídas avançadas da biblioteca padrão do Arduino, 104-105
    resistores de pull-up em entrada digital, 85-88
    resistores internos de pull-up em entrada digital, 87-89
    saídas analógicas, 94-96
    saídas digitais, 81-84
    visão geral de, 81-82
Entradas/saídas avançadas
    alimentando registradores deslocadores, 106-107
    geração de som, 104-106
    na biblioteca padrão do Arduino, 104-105
Entradas. *Veja* Entradas/Saídas
EPROM (Erasable Programmable Memory)
    armazenamento de dados em memória flash, 112-115

componentes de microcontroladores, 1-2
como o chip do Arduino trabalha, 6-7
ESP8266, sistema WiFi em um chip
   IFTTT e, 157-160
   servidor de Web com Node MCU, 144-150
Espaços
   estilo de codificação para espaços em branco, 60-62
   na sintaxe da Linguagem C, 28-29
Espaços em branco, estilo de codificação em funções, 60-62
Estilo de codificação para funções
   abre chaves ({), 60-61
   comentários, 61-63
   endentação, 59-61
   espaço em branco, 60-62
   visão geral de, 59-60
Estrutura de dados para tradutor de código Morse, 72-74
Ethernet, shield de
   Arduino controlado pela Web, 139-145
   tipos de placas de shield, 7-8
   usando o Arduino com shield de Ethernet, 133-134, 136-140
Exemplos, incluindo em uma nova biblioteca C++, 168-171

F

Ferramentas (Tools), menu, selecionando o tipo de placa, 18-19
Flash, memória. *Veja* EPROM (Erasable Programmable Memory)
`flashDotOrDash`, função para tradutor de código Morse, 77-79
`flashSequence`, função para tradutor de código Morse, 77-78
`float`
   armazenando em EEPROM, 117-118
   compressão de faixa, 120-122
   tipos de dados em C, 58-59
   tipos de variáveis, 55-56
Fonte de alimentação, 4-5
`for`, comando da linguagem C, 43-47
Freetronics EtherTen, clone/variante de Arduino, 13
Funções
   aplicando `setup` e `loop` ao sketch Blink (Pisca-Pisca), 33-35

biblioteca LCD de funções, 127-128
booleanas, 57-59
chamando, 28-29
comentários no estilo de codificação da linguagem C, 61-63
definindo funções `setup` e `loop` em todos sketches, 31-33
estilo de codificação, 59-62
`float`, 55-56
linguagem C, 58-60
linguagem C++, 163-165
`loop`, função. *Veja* `loop`, função
padronizadas necessárias em um código de Arduino, 30-32
parâmetros, 50-51
que é uma função, 49-51
`setup`. *Veja* `setup`, função
sintaxe, 32-33
trabalhando com displays LCD, 125
valores de retorno, 54-55
variáveis globais, locais e estáticas em, 52-54
visão geral de, 49-50
Funções aritméticas
   fazendo aritmética no Arduino, 37-38
   funções matemáticas da biblioteca do Arduino, 102-103
   na linguagem C, 38-42
Funções matemáticas da biblioteca padrão do Arduino, 102-103

G

Gatilhos (triggers), chamando serviços de Web, 153-154

H

Hacking Electronics (Monk), 81-82
Hexadecimal (hex), comparação com binário e decimal, 103-105
HTML (Hypertext Markup Language), 135-137
HTTP (Hypertext Transport Protocol)
   comunicando com servidores de Web, 134-135
   postando (post) dado, 139-140

I

I2C, barramento serial padrão, 128-129
IDE (Integrated Development Environment)
   compilação e, 31-32

linguagem de programação e, 29-30
`if`, comando
   estilo de codificação de endentação, 60-61
   linguagem C, 41-44
IFTTT (If This Then That)
   chamando serviços de Web, 152-156
   enviando mensagens ao Arduino Uno, 155-158
   placa Node MCU ESP8266 e, 157-160
Igual a (==), operadores de comparação, 43-44
Iniciando
   a alimentação elétrica, 15-16
   carregando (upload) o primeiro sketch, 17-23
   instalando o software, 16-17
   trabalhando com o aplicativo Arduino, 22-25
`int`, variáveis
   16 bits usados com, 102-104
   armazenando em EEPROM, 115-117
   compressão de faixa, 120-122
   declarando, 40-42
   definindo, 36-37, 51
   representação hex de, 104-105
   tipos de dados em C, 58-60
   valores de retorno e, 54-55
Interrupções na biblioteca padrão do Arduino, 106-109
IoT (Internet das Coisas), programação
   Arduino controlado pela Web, 139-145
   Arduino Uno como servidor de Web, 136-140
   Arduino Yun e, 159-160
   chamando serviços de Web, 152-156
   comunicação com servidores de Web, 134-135
   enviando mensagens ao IFTTT, 155-158
   HTML e, 135-137
   HTTP e, 134-135
   Node MCU controlado pela Web, 149-153
   placa Node MCU ESP8266 e IFTTT, 157-160
   servidor de Web com Node MCU, 144-150
   visão geral de, 133-135
IP, encontrando endereços de IP para Arduino Uno, 136-139

L

LCDs alfanuméricos, 124
LCDs (Liquid Crystal Displays)
   comparação com OLED, 123-124
   funções da biblioteca, 127-128
   LCDs alfanuméricos, 124
   placa USB de mensagens, 125-127
LED (Light Emitting Diode)
   a alimentação elétrica e, 15-16
   criando a função flash para, 50-51
   `flashDotOrDash`, função para tradutor de código Morse, 77-79
   usando PWM para controlar o brilho de, 94-96
Licenciamento, licença Creative Common, 7-8
Linguagem de programação
   C. *Veja* C, linguagem
   C++. *Veja* C++, linguagem
   o que é uma, 29-33
Linux, computadores
   instalando o software de Arduino em, 16-17
   selecionando uma porta serial, 19-20
`log`, função matemática da biblioteca do Arduino, 102-103
Lógica verdadeiro/falso, 57-59
`long`, tipo de dado em C, 58-59
`loop`, função
   aplicando ao sketch Blink (Pisca-Pisca), 33-35
   `count` como variável local, 53-54
   em laços de repetição, 43-47
   fazendo aritmética no Arduino, 37-38
   incluindo software de display, 131-132
   laços de `while`, 46-48
   linhas padronizadas de código, 31-33
   padronizada necessária em um código de Arduino, 30-32
   parâmetros, 51
   tradutor de código Morse, 74-77
   use o Arduino Uno como servidor de Web, 138-139

M

Mac, computadores
   instalando o software de Arduino em, 16-17
   selecionando a porta serial, 19-20
MAC, encontrando endereço MAC para o Arduino Uno, 136-139
Maior do que (>), operador de comparação, 43-44
Maior do que ou igual a (>=), operador de comparação, 43-44

Manipulação de bits da biblioteca padrão do Arduino, 102-105
`map`, função matemática da biblioteca do Arduino, 102-103
`max`, função matemática da biblioteca do Arduino, 102-103
Memória, armazenando variáveis e arrays de dados na, 67-68
Menor do que (<) operador de comparação, 43-44
Menor do que ou igual a (<=) operador de comparação, 43-44
Menos (−), como operador aritmético, 41-42
Métodos, C++
   no arquivo de cabeçalho (.h), 165-167
   no arquivo de implementação (.cpp), 167-168
   palavras-chaves e, 168-169
   visão geral de, 163-165
Microcontrolador Arduino
   chip, 5-7
   conexões de alimentação elétrica, 4-5
   conexões digitais, 5-6
   entradas analógicas, 4-5
   família Arduino *Veja* Arduino, família
   fonte de alimentação, 4-5
   outros componentes, 6-7
   passeio por uma placa de Arduino, 3-4
   placas de desenvolvimento, 2-4
   visão geral de, 1-3
`min`, função matemática da biblioteca do Arduino, 102-103
Monitor Serial
   enviando comandos a um display LCD, 126-127
   enviando texto ao, 66-68
   exibindo valores de array no, 66-68
   lendo/escrevendo em EEPROM, 114-116
   resistores de pull-up em entrada digital, 85-88
   resistores internos de pull-up em entrada digital, 87-89
   saídas digitais e, 83-84
   testando experimentos em C, 37-40
   vendo entrada analógica, 96-97
   vendo números aleatórios, 100-102
   vendo variável numérica, 38-42
Monitores. *Veja* Displays
Motor, tipos de placas de shield, 7-8

Multímetro
   testando a tensão, 94-95
   testando/medindo saída com, 82-84
Multiplicação, operador de, 41-42

N

Não igual a (!=), operador de comparação, 43-44
Navegadores de Web usando HTTP, 134-135
Node MCU, placa
   clones/variantes de Arduino, 13
   como servidor de Web, 144-150
   controlado pela Web, 149-153
   IFTTT e ESP8266, 157-160
`not`, operador (!), uso de variáveis booleanas em tabelas-verdade, 58-59
Números pseudo-aleatórios, 101-102

O

Objetos em cabeçalho C++, 165-167
OLED (Organic Light Emitting Diode)
   comparação com LCDs, 123-124
   conectando, 128-130
   software para, 129-132
   visão geral de, 127-129
Onda quadrada, gerando sinal de, 104-106
Operadores
   booleanos, 57-59
   de comparação, 43-44
`or`, operador (||), uso de variáveis booleanas em tabelas-verdade, 57-59
Orientação a objeto, C++, 163-164
Oscilador de cristal de quartzo, componentes de microcontroladores, 6-7
Osciloscópio, traçado do aperto de um botão, 88-91

P

Palavras-chaves, definindo para uma nova biblioteca C++, 167-169
ParaFazerDepois, acrescentando ao código, 62-63
Parâmetros
   de argumentos, 28-29
   definindo variáveis globais, locais e estáticas, 52
   função, 50-51

Particle Photon
  clones/variantes de Arduino, 13
  programação IoT, 160-161
PCB (placa de circuito impresso), disponibilidade pública do projeto, 2-4
pinMode, função interna usada na função setup, 33-34, 83-84
Pinos
  alimentando registradores deslocadores, 106-107
  atribuições de pinos para o shield LCD, 125-126
  conectando a um display OLED, 128-130
  controlando, 143-144
  interrupções, 106-109
Pinos de entrada/saída, 1-3
Placa de circuito impresso (PCB), disponibilidade pública do projeto, 2-4
Placas
  passeio por uma placa de Arduino, 3-4
  placas de desenvolvimento, 2-4
  placas shield, 7-8
  selecionando o tipo de placa, 18-19
Placas de desenvolvimento, 2-4. *Veja também* Microcontrolador Arduino
Pontuação, sintaxe da linguagem C, 28-29
Porta serial, selecionando, 19-20
Postagem de dados (posting data), HTTP, 139-140
pow, função matemática da biblioteca do Arduino, 102-103
print, função, trabalhando com displays LCD, 125
Privadas (private), funções em C++, 164-167
Processing, biblioteca, 99-100
PROGMEM
  armazenando constantes, 111-113
  armazenando dados em memória flash, 112-115
Programação
  na Linguagem C, 27-30
  para a Internet das Coisas. *Veja* IoT (Internet das Coisas), programação
  programação por intenção, 74-75
Programas. *Veja* Sketches
Públicas (public), funções em C++, 163-166
PWM (Pulse Width Modulation), saídas analógicas e, 94-96

R

RAM (Random Access Memory), 1-2
random, função da biblioteca padrão do Arduino, 99-102
Registrador, chips de registradores deslocadores, 106-107
Regulador de tensão, componente de microcontroladores, 4-5
Relays (Relés), tipo de placa de shield, 7-8
Reset, botão
  componente de microcontroladores, 6-7
  conexões de alimentação elétrica e, 4-5
Resistores
  resistores de pull-up em entrada digital, 85-88
  resistores internos de pull-up em entrada digital, 87-89
Resistores de pull-up
  entrada digital, 85-88
  internos, 87-89
return, comando, funções e, 54-55

S

Saídas analógicas
  no microcontrolador Arduino, 2-3
  usando PWM para controlar o brilho de LEDs, 94-96
Saídas digitais
  no microcontrolador Arduino, 2-3
  visão geral de, 81-84
Saídas. *Veja* Entradas/Saídas
SCK (pino de clock), conectando a um display OLED, 128-130
SDA (pino de dado), conectando a um display OLED, 128-130
serial.available(), comunicação serial com Arduino via USB, 75-76
Serviços de Web, chamando, 152-156
Servidor de Web
  Arduino controlado pela Web, 139-145
  chamando serviços de Web, 152-156
  comunicação com, 134-135
  HTML e, 135-137
  HTTP e, 134-135
  Node MCU controlado pela Web, 149-153

servidor de Web com Node MCU, 144-150
use o Arduino Uno como, 136-140
`setCursor`, função trabalhando com displays LCD, 125
`setup`, função
    aplicando ao sketch Blink (Pisca-Pisca), 33-35
    definindo para todos os sketches, 31-33
    incluindo software de display, 131-132
    padronizada necessária em um código de Arduino, 30-32
    para tradutor de código Morse, 72-74
    placa USB de mensagens, 126-127
    testando experimentos em C, 37-40
    use o Arduino Uno como servidor de Web, 138-139
Shield, placas
    ESP8266, sistema WiFi em um chip, 144-150
    LCD, atribuições de pinos, 125-126
    módulo LCD, 124
    shield de Ethernet para Arduino controlado pela Web, 139-145
    use o Arduino como Shield de Ethernet, 133-134, 136-140
    visão geral de, 7-8
`shiftOut`, função, 106-107
`sin`, função matemática da biblioteca do Arduino, 102-103
Sintaxe
    da linguagem C, 28-29
    de laços de repetição, 45-46
Sketchbook para organizar os sketches em pastas, 22-25
Sketches. *Veja também* Software
    carregando (upload) o primeiro sketch, 17-23
    definindo funções `setup` e `loop` para, 31-33
    instalando software, 16-17
    trabalhando com o aplicativo do Arduino, 22-25
Software. *Veja também* Sketches
    carregando (upload) o primeiro sketch, 17-23
    instalando, 16-17
    para displays, 129-132
    trabalhando com o aplicativo do Arduino, 22-25
Soma (+), como operador aritmético, 41-42
`sqrt`, função matemática da biblioteca do Arduino, 102-103

Strings
    armazenando em EEPROM, 117-120
    arrays de strings, 69-70
    literais do tipo `string`, 69-71, 73-74
    variáveis do tipo `string`, 70-71

T

Tabelas-verdade, uso de variáveis boolenas em, 57-58
Tags, sintaxe HTML de, 135-136
`tan`, função matemática da biblioteca do Arduino, 102-103
Telas. *Veja* Displays
Tensão (Voltagem)
    medindo com Arduino Uno, 96-98
    testando com multímetro, 94-95
Testando experimentos, linguagem C, 37-40
Textos, 69-70. *Veja também* Strings
Tipos de dados em C, 58-60
`tone`, função, 104-106

U

UART (Universal Asynchronous Receiver/Transmitter), 75-76
Unidade central de processamento (CPU) no coração do chip de Arduino, 6-7
USB Host (Hospedeiro USB), tipo de placa de shield, 7-8
USB (Universal Serial Bus)
    alimentação elétrica com cabo, 15-16
    comunicação serial com Arduino, 75-76
    placa USB de mensagens, 125-127
    conectando um Arduino ao um computador com, 1-2
    chip de interface USB em um microcontrolador, 6-7

V

Variáveis
    armazenando dado, 67-68
    constantes, 47-48
    declaração em laços de repetição, 45-46
    definindo no sketch Blink (Pisca-Pisca), 36-38
    do tipo `boolean`, 57-59

do tipo `float`, 55-56
do tipo `string`, 70-71
em cabeçalho C++, 166-167
variáveis numéricas, 38-42
Variáveis estáticas em funções, 52-54
Variáveis globais,
  em funções, 52-54
  no tradutor de código Morse, 72-74
Variáveis locais em funções, 52-54
Variáveis membros, linguagem C++, 163-164
Variáveis numéricas na linguagem C, 38-42

`void`, palavra-chave
  definindo funções `setup` e `loop` em todos os sketches, 31-33
  valores de retorno e, 54-55

W

`while`, comando da linguagem C, 46-48
WiFi, sistema WiFi em um chip. *Veja* ESP8466, sistema WiFi em um chip
Wiring, biblioteca, 99-100
Wirth, Niklaus, 65-66